知っておくべき
産後の妻のこと

東野純彦
TONO ATSUHIKO

幻冬舎
MC

はじめに

今、「産後クライシス」が深刻化しています。産後クライシスとは、妊娠や分娩によって起こる身体やホルモンバランスの変化に伴い、産後の母親に起こる精神不安や産後うつが原因で、夫婦仲や社会関係に影響を及ぼすことをいいます。

国立成育医療研究センターが行った「妊娠中・産後の死亡の現状」に関する調査によると、２０１５〜２０１６年の２年間に死亡した、妊娠中から産後１年未満の女性は３５７人。そのうち１０２人の死因が自殺でした。死亡原因の１位で、全体の実に約３割を占めたのです。

日本では、産後うつになる女性は約30％にも上るといわれています。高度経済成長期に入って以降、妊産婦を取り巻く環境が大きく変化したことが要因の一つに挙げられます。これは日本のみならず、西欧においても同様の傾向が見られます。

元来、産後の女性を家族や近隣の女性たちがケアをする慣習が世界のさまざまな国や地域で見られていました。産後早期は特に身体を休める大事な時期とされ、産後の傷の回復や疲れを癒し、周囲の協力を得ながら余裕を持って育児をスタートできるよう、みんなでサポートしていたのです。しかしその環境が一変し、核家族化の進む都市部では、そういった妊娠・出産に関する伝統的な習慣が薄れてきました。これに呼応するかのように、1950年代から現れ始めたのが「産後うつ」です。伝統的な習慣や風習のあるコミュニティのなかで得られていたさまざまな援助や保護から切り離されてしまったことが、大きな影響を及ぼしているようです（参照論文「産後ケアの文化的背景と現代の課題についての一考察」より）。

日本でも一昔前には産婆さんが家を訪れ、出産後の女性と赤ちゃんの面倒を見ていました。ご近所付き合いが多く、身内も近くにいたため、産後のお母さんを支えるコミュニティがしっかりしていたのです。ところが、現代では産後の妻を支えるのは一緒に暮らす夫だけ。出産を経て心身ともに急激な変化が訪れる女性に対して、男性は身体に変化が生じるわけではないので、妻の様子がおかしいことには気づきながらも、どうすれば良いか分からない状態に陥ります。

最も支えてほしい時期に助けてもらえなかった。その経験は妻の心に根深く刻まれ、その後の結婚生活に重大な影響を与えることが少なくありません。大切なのは産後の3年以内です。その理由は本編で詳しく触れますが、産後の夫婦関係がその先何十年を左右します。そしてそのカギとなるのが夫なのです。

夫婦関係を良好に保つことで笑顔になるのは二人の間に生まれた子どもです。両親が幸せであれば子どもは自然と笑顔になる。家族の笑顔を増やすためには、まず夫が今目の前にいる妻を大切にし、夫婦で仲良く過ごすこと。当たり前のようでいて難しい、けれど、日々の工夫と努力を重ねることで必ず築ける未来です。

この本を届けたいのは、これから出産を控えているご夫婦や、今まさに赤ちゃんを育てているご夫婦です。しかし、すでに子どもが大きくなり、今では夫婦仲が冷え切ってしまったという方にもぜひ手に取っていただきたい。夫婦の関係を改善するのに遅いということはありません。男性からの働きかけによって、良好な間柄に戻れる方法は必ずあります。本書にはそのヒントをたくさん盛り込んだつもりです。

一組でも多くの夫婦が仲良く愛し合いながら、長い道のりをともに歩き続けてくださることを願っています。本書がその一助になれば、著者としてこれ以上の喜びはありません。

知っておくべき産後の妻のこと　目次

［第1章］

産後2年以内に離婚する夫婦が急増中！
知らなかったでは済まされない〝産後クライシス〟

あなたは妻から愛されていますか？

産後の妻のうち約7割が夫を愛していない――この衝撃的な事実は「ベネッセ教育総合研究所　次世代育成研究室」が、妊娠後期から子どもが2歳になるまでの夫婦の3年間（2006～2009年）を追跡した結果です（図表1）。

妊娠中の妻と夫は、どちらも74・3％が「配偶者といると本当に愛していると実感する」と回答しています。この時点では、4組のうち3組が愛し合っていることになります。

深刻なのはそのあとです。

日が経つごとにその割合は減少していき、第1子が0歳のときには夫が63・9％と持ちこたえているのに対して、妻は45・5％と急激に低下。つまり二人に一人は夫を愛していないことになります。さらに、子どもが2歳になるころには「夫を愛している」と答えたのはたったの34・0％。妊娠中の半分以下になってしまうのです。

そんなの一つの調査結果に過ぎない――。

そう思いたい気持ちもよく分かります。しかし、「妻が夫を愛していない」ことを裏付

［図表１］第１子出産後における夫婦の愛情変化

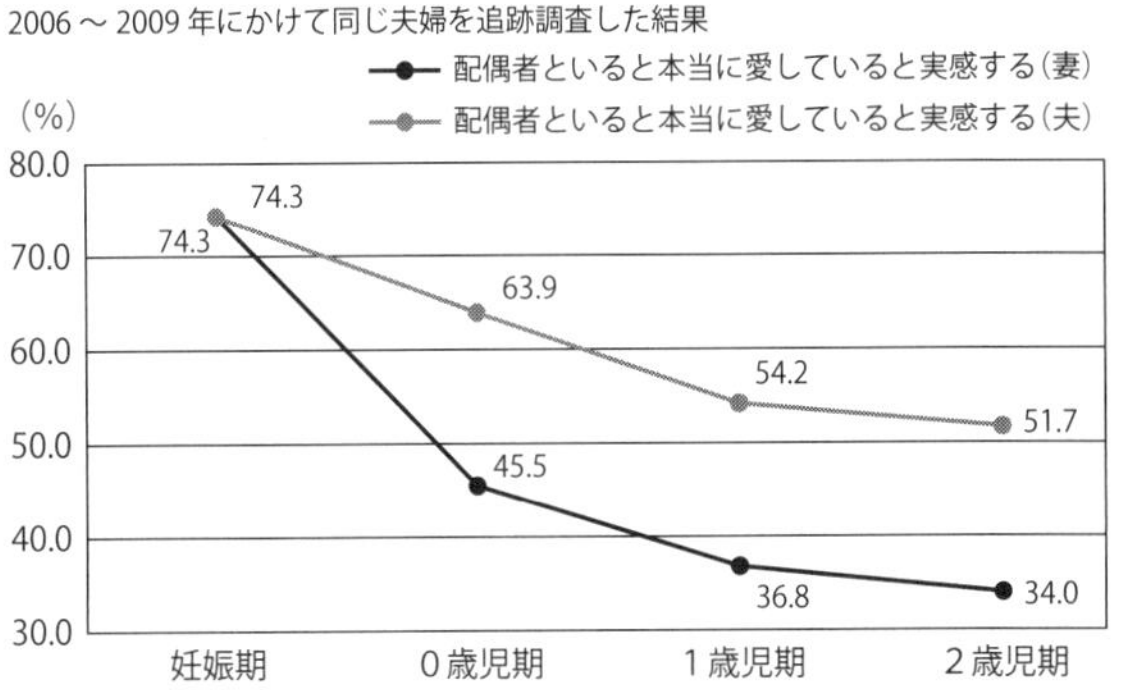

参考：ベネッセ教育総合研究所「第１回妊娠出産子育て基本調査（2006～2009年）」を基に作成

けるもっと恐ろしい結果があります。

10年ほど前、検索エンジン「Google」で「夫」という言葉を検索すると、予測候補でいちばんに表示されるのが「死んでほしい」という言葉だった時期がありました。

「Google」の検索エンジンでは、調べたい単語を入力したあとにスペースを入れると、自動的に予測ワードが表示されます。その際、多く検索されているキーワードの組み合わせや検索結果として表示するサイト数が多いキーワードの組み合わせが出てきます。

つまり、予測候補で「死んでほしい」と真っ先に出たということは、「夫」と「死んでほしい」という二つのキーワードを同時検索している人が多いことを示しているのです。

一方で「妻」という言葉を検索したときには「誕生日プレゼント」や「誕生日プレゼントランキング」といった予測候補が表示されます。妻が夫に対して「死んでほしい」と思っているなか、夫は健気に妻へのプレゼントを探している……。極端な見方かもしれませんが、ある意味これは、夫婦の意識の差が顕著に表れている結果であるといえます。

理想の家族像を破壊する「産後クライシス」

産後の夫婦仲が急激に悪くなる状態を「産後クライシス」といいます。

2012年にNHKの情報テレビ番組「あさイチ」が提唱した言葉で、問題視され始めたのはここ数年のことです。

「夫に愛情を感じなくなった」

「夫に対してイライラする」

「夫婦二人でいると違和感がある」

「夫に触れられたくない」

［図表２］妊娠・出産とホルモンの変化について（イメージ）

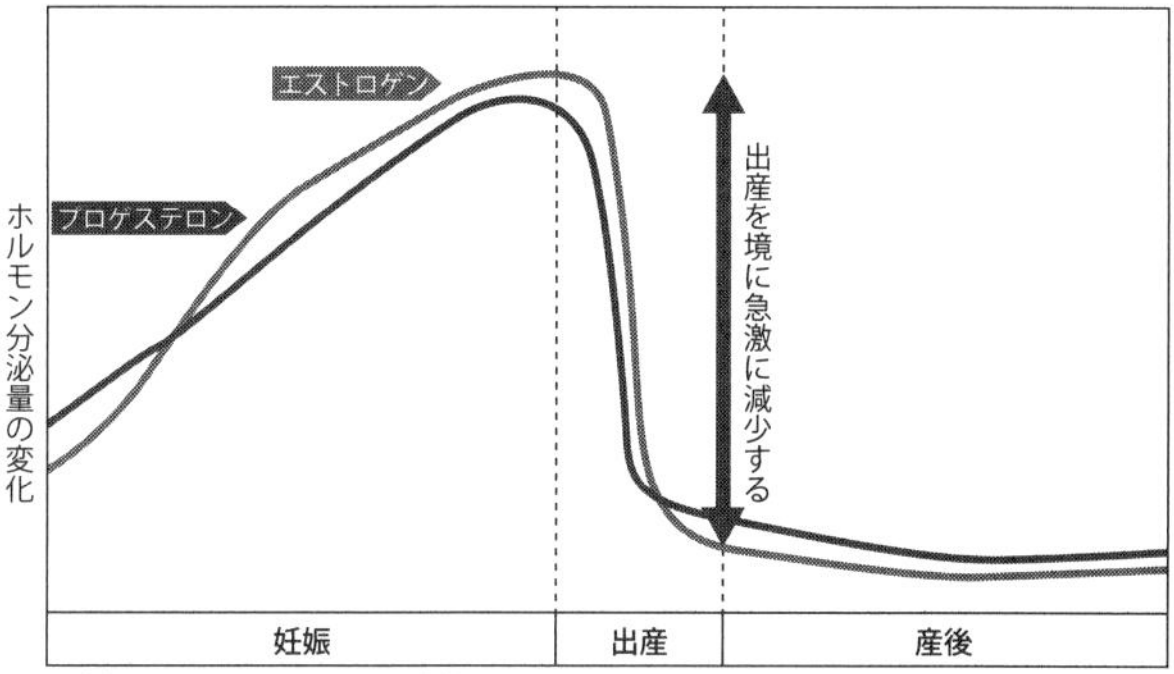

※実際はホルモンにより分泌量が大幅に異なります

これは産後クライシスの渦中にある女性たちのリアルな声です。

もしかすると、妻のそんな雰囲気を察知してこの本を手に取った方もいるかもしれません。

家族のために一生懸命仕事を頑張っているのになぜ？

結婚した当初はあんなにも優しくしてくれたのにどうして？

そんな疑問が浮かぶのは当然のことです。男性からすると、女性の身勝手な振る舞いのように感じてしまうかもしれません。しかしその背景には、生理的な事情も絡んでいるのです。

出産後、女性の身体には大きな変化が起こります。なかでも最も大きな影響を及ぼすのが、ホルモンバランスの変化です（図表2）。

妊娠中、女性の体内では胎盤からエストロゲンという女性ホルモンが大量に分泌され、母親になるための準備が始まります。

授乳のために乳房が大きくなったり、出産に向けてお尻周りに皮下脂肪がついたりといった変化は、エストロゲンの働きによって起こるものです。

しかし、出産をすると胎盤が体外に出され、エストロゲンが急激に下がっていく。こういったホルモンの変化によって女性には「眠れない」「元気が出ない」といった症状が現れるのです。これが、産後の気分障害「マタニティブルーズ」の正体です。

気分障害とは、脳内伝達物質の働きが低下することによって起こる病で、単なる気分の浮き沈みとは異なります。はたから見ていると「気分にムラがあるな」「感情的だな」と感じるかもしれませんが、本人のなかではとてつもない葛藤や心の嵐が巻き起こっているのです。

このマタニティブルーズは、出産2～3日前から産後3日以内に起きやすい症状で、数日間にわたり続くこともあります。朝は笑顔だったのに、仕事を終えて帰ってくるとワンワン泣いている。「どうしたの?」と聞いても「理由はないけれど、涙が止まらなくてすごく不安」と泣き続ける——感情のコントロールができず、情緒不安定な状態になってしまう人も多くいるのです。

実は、産後の女性のうち約3割がこのマタニティブルーズを経験するといわれています。しかし、もしも自分の妻が不安定な状態になったとしても、この状況がずっと続くわけではありません。2週間ほどで自然に治まるものと理解しておいてください。

なぜ2週間なのか。それは、出産から2週間ほど経つと女性の身体は徐々に元の状態へと戻っていくからです。授乳ができるようになり、母親としての自信がつくことで子育てへの不安よりも楽しさが芽生えます。そうするとホルモンバランスが多少乱れたとしても、前向きな気持ちに立て直すことができるようになるのです。

楽観視してはいけない妻の変化

問題なのは、2週間経っても症状が治まらない場合です。「元気が出ない」「眠れない」「不安でしょうがない」というような状態が長く続くようであれば「産後うつ」の可能性があります。

産後うつとは、出産後1～2週間から数カ月の間に発症するうつ病です。自信喪失、憂うつ、涙が出る、元気が出ない、食欲がない、不眠といった症状が長期間続き、最悪の場合は自殺を誘因することもあるのです。

自分の妻は明るく元気で、うつ病とはほど遠い。夫も本人もそう思っていたけれど、産後、急に元気がなくなって泣いてばかりいる。そんな状況は誰にでも起こり得るのです。なぜなら「うつ」とはもともとの性格が起因するものではなく、脳内の神経伝達物質の不具合から起こる病だからです。

私たちの脳内では、情報を伝達するためにさまざまな神経伝達物質が働いています。セロトニン、ノルアドレナリン、ドーパミンといった物質は「モノアミン」と呼ばれ、うつ病はこのモノアミンの減少によって引き起こされるといわれています（図表3）。

正常な状態の脳では、モノアミンが分泌されると受容体がキャッチする仕組みになっています。しかし、モノアミンが減少すると、この受容体に届かなくなってしまう。この状態が「うつ病」なのです。

［図表3］うつ病にかかっているときの脳内情報伝達の違い

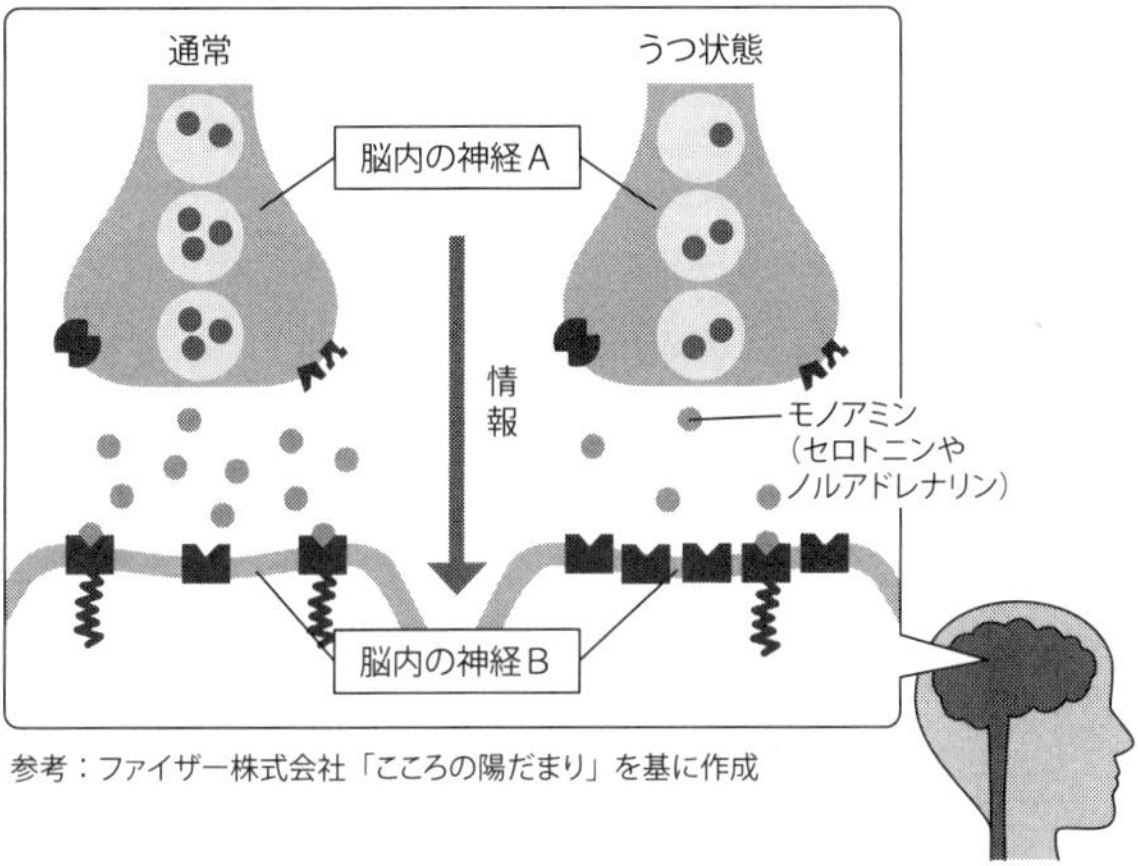

参考：ファイザー株式会社「こころの陽だまり」を基に作成

出産後の女性はエストロゲンが急激に減少することで、脳内にあるセロトニンの働きが鈍くなります。この現象が産後うつと関連していると考えられています。

研究が進む以前は「気の持ちようだ」と解釈された時代もあったうつ病ですが、実際のところは神経伝達物質の異常が原因で、気の持ちようだけでは解決できないことが分かっています。

夫からすると、仕事で疲れて帰宅したときには妻に明るく笑顔で迎えてほしいものです。

思い描いていた家庭像はそんな楽しい日々だったはず。しかし、実際に待っているのは散らかった部屋と育児に疲れた妻の姿。1日の終わりに癒やされる場所が、帰るのが億劫に感じる場所となってしまい、夫にも疲れが溜まってしまいます。

そうならないためにも、女性の心身に起こる変化について正しい知識を得て、理解をしておくことが大切です。

もしも「笑顔がない」「眠れない」「食欲がない」といった状態があまりに長く続くようであれば、医療機関や専門医に相談するなど、必ず早めの対処をしましょう。すぐ側で、いち早く変化に気がつけるのは、夫であるあなたなのです。

産後の床上げを無視しないで

一昔前まで、産後間もない女性は「産後の床上げまでは家事をせず、布団の上で寝ていなさい」と教えられていました。この教えは絶対で、どんなに厳しい姑でも産後のお嫁さんには「床上げまでの間は身体を休めるように」と言う人がほとんどだったのです。

「床上げ」とは、産後の女性が心身ともに通常の働きを取り戻し、日常の生活に復帰することで、敷きっぱなしだった布団をしまうことから、そう呼ばれるようになったといわれています。

このように数十年前の日本には、心身ともに弱っている産後の女性をサポートする仕組みがありました。おそらく、そのころは「産後うつ」に陥る女性は今ほど多くなかったはずだと私は考えます。周囲には出産経験者がたくさんいて、学びながら、助け合いながら、乗り越えることができていたからです。

例えば、アフリカのカメルーンには「バカ族」という部族がいます。カメルーンの南東部などに5000～2万数千人が存在するといわれる彼らは、「集落で生まれた子はみんなの子」と協力し合いながら子育てをしているそうです。

なかには11人もの子を生んだ女性もいて、妊娠中で母乳が出ないときには、ほかの女性が代わりに授乳をしたり、母親が食べ物を取りに行っている間には、他人の子どもも一緒に面倒を見たりと、みんなで子育てをするのが当たり前の慣習があります。

みんなで子育てをするなんてすごいと思うかもしれませんが、一昔前の日本はまさに「バカ族」のようなものでした。出産のときには産婆さんが駆けつけてくれ、親戚や近隣の女性たちが全力でサポートをする。子どもを産んだ直後の女性は授乳に徹し、あとは心身ともに休み、家事も周りの女性が済ませてくれていたのです。

また、産後のエストロゲン低下による不安感は「誰かを頼るため」の作用であるともいわれています。つまり、「子育て中は誰かを頼るように」と遺伝子レベルでインプットされているということです。

ところが核家族の割合が8割に上る現代では、かつてのように親族や近所に住む人を頼ることができなくなりました。

厚生労働省が2018年に発表している「国民生活基礎調査」によると、3世代世帯は1986年には575万7000世帯だったのが、2018年には272万世帯にまで下がっています。

つまりこの数字は、年々時代を追うごとに核家族化が進んでいるということです。従来、子育ては一人でできるものではないのに、母親が一人でしなければならない状況になっていることを表しています。人間にとって最も困難な仕事は間違いなく「子育て」です。しかし、世の中にはまだこの考えが浸透していないがために、母親ばかり負担を強いられています。

このひずみによって、現代の産後の女性は肉体的にも精神的にも追い込まれてしまうのです。

夫婦の危機を回避するには?

マタニティブルーズや産後うつによって起きる「産後クライシス」。

では、このような危機に陥る夫婦とそうでない夫婦には、どのような違いがあるのでしょうか。

冒頭で紹介した「ベネッセ教育総合研究所　次世代育成研究室」の調査には続きがあります。

調査対象である300組の夫婦を「愛情を高く維持しているグループ」と「愛情が下がったグループ」に分け、さらに次のようなアンケートを取りました。

子どもが生まれたあとも、妊娠期と変わらず「夫を愛していると実感する」と答えた「愛情高維持群」は、「愛情低下群」に比べて「夫は家族と一緒に過ごす時間を努力してつくっている」「夫は私の仕事、家事、子育てをよく労ってくれる」と感じている割合が高

［図表４］愛情高維持群と愛情低下群に行ったアンケート結果

私の配偶者は家族と一緒に過ごす時間を努力してつくっている（妻）

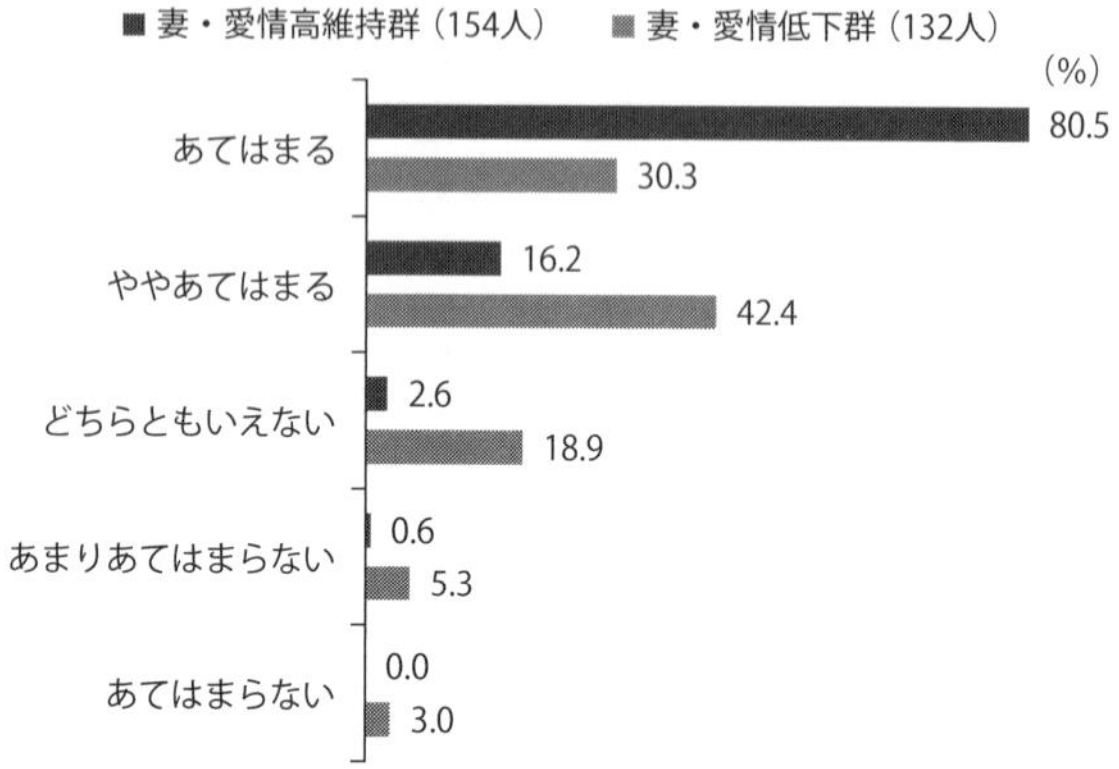

私の配偶者は、私の仕事、家事、子育てをよく労ってくれる（妻）

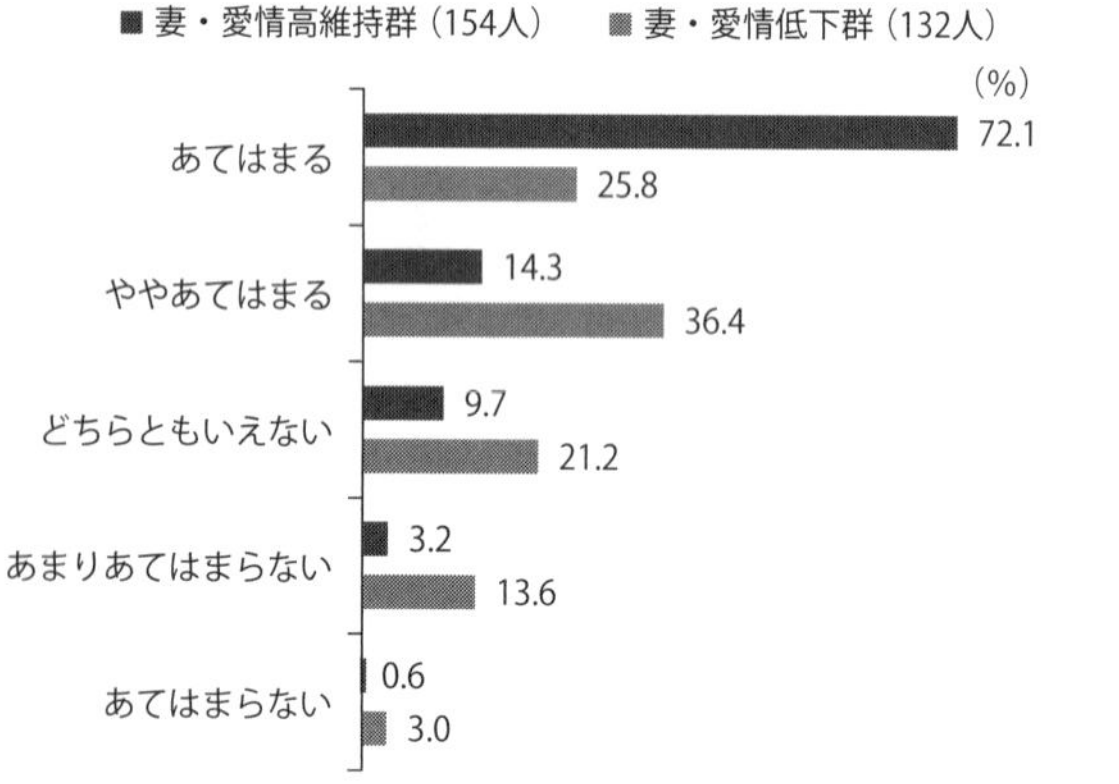

参考：ベネッセ教育総合研究所「第1回妊娠出産子育て基本調査」を基に作成

いことが分かっています（図表４）。

つまり、妻の愛情を維持できるかどうかは、夫が家族のために時間を割いているかどうか、労いや感謝の言葉を口にしているかどうかにかかっているのです。

いや、むしろ夫がそういった行動を取らなければ、日に日に妻の愛情は減っていくばかりと認識すべきです。男性はこれまでと変わらず愛し続けているつもりでも、それだけでは妻の愛情を維持することはできません。

母になったばかりの女性にとって、唯一頼りにできるのはともに暮らす夫です。しかし日本の男性は仕事に忙しく、妻をサポートするための十分な時間を確保できていません。

男女共同参画白書の調査結果を見ても、日本では男性が家事・育児に参加する時間は1日あたり1時間程度、欧米諸国に比べると3分の1から2分の1程度です。先進国と比べ、日本はまだまだ遅れています（図表5）。

例えばフランスでは、子どもが産まれて2週間、パートナーは有給休暇を取得する権利が法律で認められています。日本でも少なからず対策は考えられており、幼児教育の無償

［図表5］6歳未満児のいる夫の家事・育児関連時間（1日あたり）

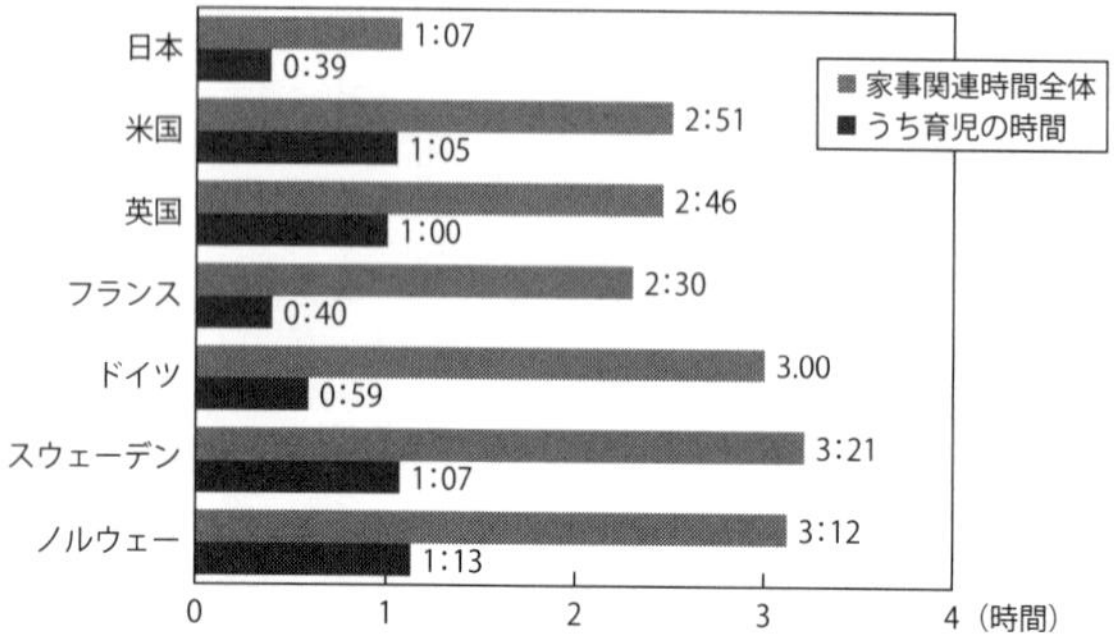

※日本の数値は「夫婦と子どもの世帯」に限定した夫の「家事」、「介護・看護」、「育児」および「買い物」の合計時間

参考：男女共同参画白書平成25年版を基に作成

化までこぎ着けることはできましたが、他国に比べていまだに「育児は女性がするもの」という認識が強く、夫婦共働きの家庭でも夫が育休を取得することはほとんどありません。厚生労働省の2018年度調査では、育休取得率は女性が82・2%に上るのに対し、男性は6・16%にとどまっています。

現役でバリバリと働く世代が1年間仕事を休むことは難しいかもしれませんが、産後2週間程度であれば、不可能ではありません。

産後の2週間はマタニティブルーズの期間と一致していますから、この2週間があなたたち夫婦の、そして今後の家族の人生を左右します。

とはいえ、会社の方針や家庭の経済状況によって必ずしもすべての男性が2週間の育休を取ることができるかといえば、難しいのも事実です。

もしも育休が取れない場合は、どうすれば危機回避できるのか。次章以降でその方法を詳しく見ていきます。

【コラム】

産後クライシスが引き起こす虐待問題

産後クライシスは、ただ夫婦仲が悪くなるだけではありません。関係を回復できないまま、離婚につながるケースも少なくないのです。

厚生労働省の「平成28年度全国ひとり親世帯等調査結果報告」によると、母子世帯になったときの末子の年齢は「0~2歳」が38・4%、「3~5歳」が19・5%です。子どもが「0~2歳」に当たる時期は、母親の産後クライシスの時期と重なります。つまり産後クライシスがきっかけで、離婚する夫婦が多いことを示しています。

現代において、離婚はそれほど珍しいことではなくなってきました。無理をして結婚生活を続けるよりも、離婚したほうが明るく幸せに過ごせているという家族もいます。

しかしその一方で、見過ごせない深刻な問題があります。それは子どもへの虐待です。

ある統計によると、父母がそろっている世帯に比べ、一人親世帯における子どもへの虐待発生率が高いことが指摘されています（名寄市立大学保健福祉学部、山野良一教授「母子世帯と子どもへの虐待」より)。

パートナーがいないことで時間に追われ、ストレスを負いやすいこと。二人親世帯に比べ経済的な負担が大きいこと。この二点が、一人親世帯と虐待の関連が高い理由です。つまり、離婚率と虐待件数の増加についての関連は、無視することができないのです。

次のグラフは、全国212カ所にある児童相談所が1990年度から2018年度まで対応した相談件数の推移を表しています(図表6)。

1990年度は1101件。その後徐々に増え続け、この30年間で約150倍にも膨れ上がっています。当初は氷山の一角が見えていただけで、調査が進んだからこそ件数が増えたという見方もありますが、それにしても年間約16万人もの子どもたちが傷ついていることを思うと、この数字は決して見過ごすことができません。

虐待をする動機やきっかけは主に「育児のつまずき」といわれていますが、育児を夫婦二人で取り組むのと、たった一人で取り組むのとでは大きく異なります。夫婦の不仲は結果的に虐待につながりかねません。これも私が産後クライシスの問題解決に取り組む大きな理由の一つです。

［図表６］児童相談所における児童虐待相談対応件数とその推移

1. 平成30年度の児童相談所での児童虐待相談対応件数

平成30年度中に、全国212カ所の児童相談所が児童虐待相談として対応した件数は159,850件（速報値）で、過去最多。

※対前年度比119.5%（26,072件の増加）

※相談対応件数とは、平成30年度中に児童相談所が相談を受け、援助方針会議の結果により指導や措置等を行った件数。

※平成30年度の件数は、速報値のため今後変更があり得る。

2. 児童虐待相談対応件数の推移

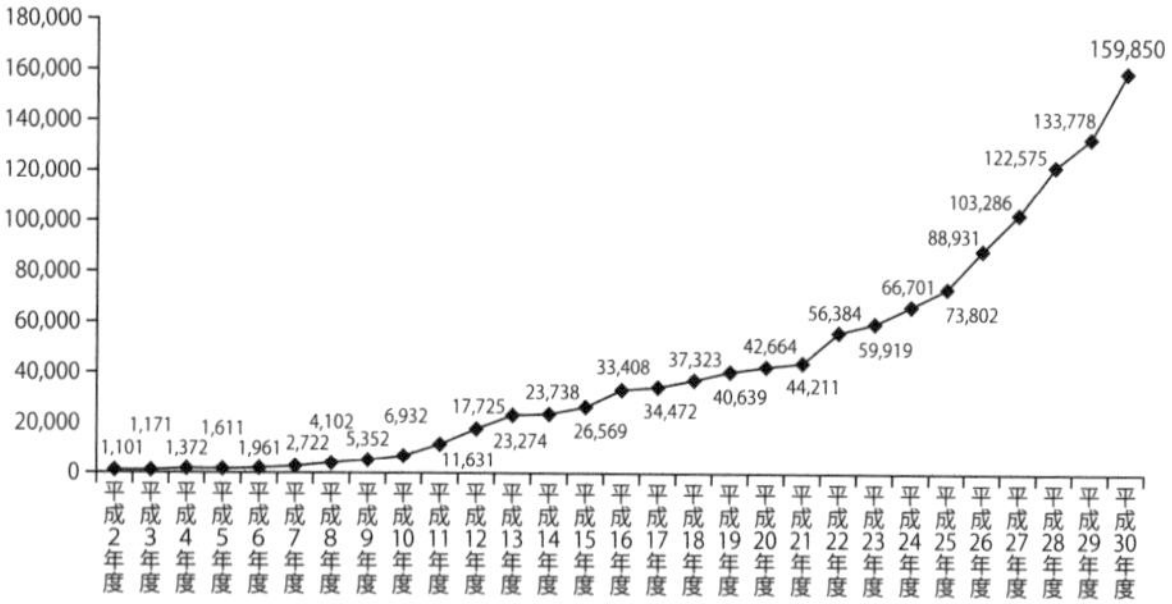

年度	平成20年度	平成21年度	平成22年度	平成23年度	平成24年度	平成25年度	平成26年度	平成27年度	平成28年度	平成29年度	平成30年度
件数	42,664	(注)44,211	56,384	59,919	66,701	73,802	88,931	103,286	122,575	133,778	159,850
対前年度比	105.0%	103.6%	−	−	111.3%	110.6%	120.5%	116.1%	118.7%	109.1%	119.5%

注）平成22年度の件数は、東日本大震災の影響により、福島県を除いて集計した数値

3. 主な増加要因

○心理的虐待に係る相談対応件数の増加
（平成29年度：72,197件→平成30年度：88,389件（＋16,192件））

○警察等からの通告の増加
（平成29年度：66,055件→平成30年度：79,150件（＋13,095件））

（平成29年度と比して児童虐待相談対応件数が大幅に増加した自治体からの聞き取り）

○心理的虐待が増加した要因として、児童が同居する家庭における配偶者に対する暴力がある事案（面前DV）について、警察からの通告が増加。

参考：厚生労働省「平成30年度 児童相談所での児童虐待相談対応件数」を基に作成

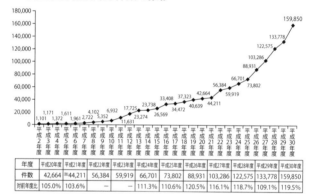

第2章

子どもが生まれて母親になる女、なかなか父親になれない男

女性は子どもが生まれることで「母親」になれる？

髪が抜け落ちたり、シミが増えたり、肌がカサカサになったり……。赤ちゃんを産んだ女性は、今までに経験したことのない変化に驚きます。その原因は女性ホルモンです。

第1章でも触れましたが、女性ホルモンには女性らしさを生み出すために欠かせない「エストロゲン」と妊娠を助ける「プロゲステロン」の2種類があります。女性はこの二つのホルモンがうまくバランスを取れている状態で、日常生活を送っています。

ところが、出産をするとこのバランスは大きく崩れ、エストロゲンが減少します。厳密にいえば、妊娠～出産時にかけてどんどん分泌されていくエストロゲンは出産時にピークを迎え、赤ちゃんを産んだあと一気に減ってしまうのです。なぜなら、エストロゲンには、母乳の分泌を抑える働きがあるからです。産まれたばかりの赤ちゃんにとって、母乳はまさに命綱。そのため女性の身体は「母乳の分泌を増やさなければ」と自動的にエストロゲンの働きを弱めるというわけです。このようにして女性の身体は分娩をした瞬間に「母親」に切り替わるのです。

また、「子どもの世話をしようとしているのに、妻が嫌な顔をする」といった声を耳にすることがよくあります。「せっかく寝かしつけたのに、あなたの足音で起きてしまった」「あなたのいびきがうるさいから子どもが夜泣きをする」など、ほんのささいなことで妻から怒鳴られてしまい、やがて夫は育児参加をしなくなり、夫婦関係も悪化してしまう……。このようなケースは少なくありません。

「こっちだって努力しているのに、なんでそんな言われ方をしなきゃならないんだ！」と、別人のように変わってしまった妻を理解できず、「産後、奥さんがヒステリーになっちゃって大変」という男性もいるのではないでしょうか。

その原因は、別名「愛情ホルモン」ともいわれる「オキシトシン」の働きによるものです。

オキシトシンとは男女問わず体内に生成されるホルモンで、セックスと分娩のときに最も分泌されます。さらに、産後間もない母親は授乳中など、わが子と密着してゆっくりした時間を過ごしている間によく働いていることが、あらゆる研究から明らかになっています。つまり、オキシトシンが十分に分泌されれば、赤ちゃんやパートナーを愛おしく感じ、愛情を深めていくことができるのです。このようにして人と人の絆をつくることから「愛情ホルモン」と呼ばれているというわけです。

そんな別名があるにもかかわらず、なぜオキシトシンが産後の母親を別人にさせるのか。それは、わが子への愛情が深まるのと同時に「わが子を守ろう」と母親の攻撃性をも高めてしまう作用があるからです。

これは動物的本能であり、決して母親がヒステリーになっているのではありません。よく、子育て中の動物は気が立っているといわれますが、人間にも同様の時期があります。

「他人の衛生状態が気になって、誰にもわが子を触られたくない」

「実の親でさえ抱っこさせたくない」

「他人に赤ちゃんを取られるかもしれない」

そんな感情が生まれることで、パートナーの夫にさえ攻撃的になってしまうというわけです。まさに野生動物のメスが外敵に「ガルガル」と威嚇をし、子どもを守ろうとする様子に似ていることから「ガルガル期」と呼ばれることもあります。このホルモンが原因で「なんで私が決めたルールを守ってくれないの!」「私はこれだけ頑張っているのに!」と、夫に強く当たってしまう妻もいます。あるいは、母親が子どもをコントロールしたくなるのもオキシトシンが原因なのです。まさにオキシトシンは、愛情と攻撃のてんびんが大きく揺れ動くホルモンといえます。このような状況に自己嫌悪に陥る母親も多いのですが、産後の母親が攻撃的になるのは正常なことで、おかしな現象ではありません。むしろ子どもを産んだことで、脳や身体が「母親」として正常に作動しているのです。

このように、ほとんどの女性はすぐに「母親」としてのスイッチを入れることができます。

では、おなかが大きくなるわけでもなく、出産を経験するわけでもない男性は、どうすれば「父親」になれるのでしょうか。

今と昔で異なる夫婦の関係性

高度経済成長期前後は、「外で汗水をたらして生活費を稼ぐことで家を守る人」というのが理想の父親像でした。そんな父親は「一家の大黒柱」と呼ばれ、家族のなかで最も力のあるリーダーとされてきたのです。昭和のホームドラマを見ても、父親だけみんなと違うおかずが用意されていたり、一番風呂は必ず父親だという決まりがあったり、家族の誰もが父親のいうことには絶対服従だったりというシーンがよく描かれています。

一方で、当時の母親像として定着していたのは「父親に従い、家事も育児もすべてこなす人」というもの。「男子厨房に入るべからず」といわれていたほど、家事は女性の仕事だったのです。確かに、周りの若い女性に「昭和の母親のイメージは？」と尋ねると「倹約家」「常に3歩下がって夫の後ろを歩いている」「真面目でおとなしい」「自分を犠牲にして家族を守るイメージ」といった声が上がります。昔は大家族で近所付き合いも盛んだったため、父親が家事を手伝わずとも母親はなんとかなっていたという面もあるでしょう。

しかし、女性の社会進出が盛んになった現代では、そんな母親を探すほうが難しくなってきました。女性も外に出て働くのが当たり前となっているなかで、「理想の母親像」も変化してきているのです。書店に行けば「ママでもおしゃれしたい」とか「働くママの1週間コーディネート」といった高度経済成長期前後では考えられないような特集の雑誌がずらりと並んでいます。きっとこれは「母親」としてではなく、自分のライフスタイルを充実させたいと願う女性が増えている証拠だと私は思います。いまや「自分を犠牲にして家族を守る母親」よりも、家庭のなかだけにとどまらず、自分の意志をしっかり持っている母親のほうが「理想」とされているのです。

女性も外で働くことが当たり前となった今、男性も外で働くだけでなく、家事も育児も分担することが求められています。つまり、昭和の父親像と現代の父親像は大きくかけ離れているのです。ところが、男性たちはいまだに「昭和の父親像」にとらわれ、「自分たちの使命は働くことだ」と思い込んでいる人が多い。それはいったいなぜなのでしょうか。

日本人男性は時間がない⁉

第1章の図表5で紹介した、日本と欧米諸国の男性が家事育児に参加する割合を比較したグラフをもう一度見てみます。夫が育児に充てる時間は、日本とフランスでは1分しか差がありません。それなのに、家事に充てる時間は日本が1時間7分、フランスでは2時間30分となっています。他国と比べても、圧倒的に日本の男性が家事に充てている時間が少ないことがよく分かります。

［図表７］ 長時間労働者（週 49 時間以上）の割合

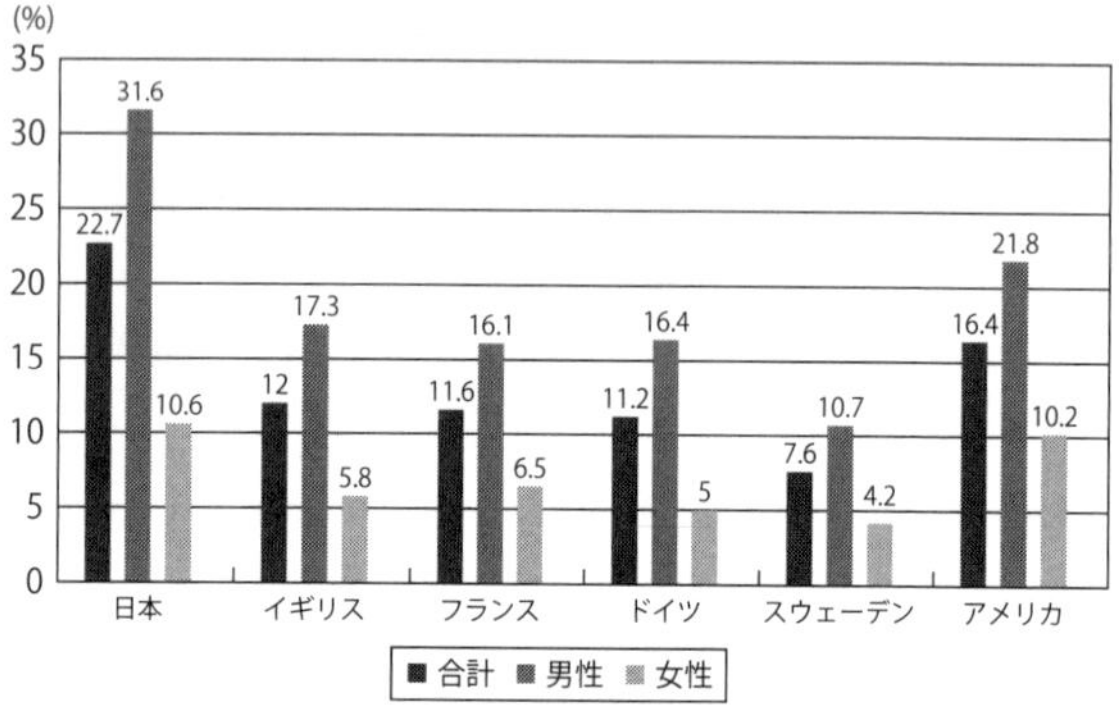

参考：平成27年版厚生労働白書「人口減少社会を考える」を基に作成

なぜここまで差が出るのか。その理由は「働き過ぎ」だからです。

図表５のグラフは、各国のなかでスウェーデンの男性が最も家事に費やす時間があるということを示しています。それもそのはず、国際労働機関（ＩＬＯ）が発表している週49時間以上働く男性の割合は、日本が31・６％であるのに対し、スウェーデンは10・７％と最も低いのです（図表７）。

さらに、日本総合研究所が共働きの女性に「夫の職場の残業状況」を尋ねると、残業の少ない職場で働く夫を配偶者に持つ女性のほうが、家事の負担が少ないことが分かっています（図表８）。

［図表8］女性の家事負担の割合
（配偶者の残業時間の状況別）

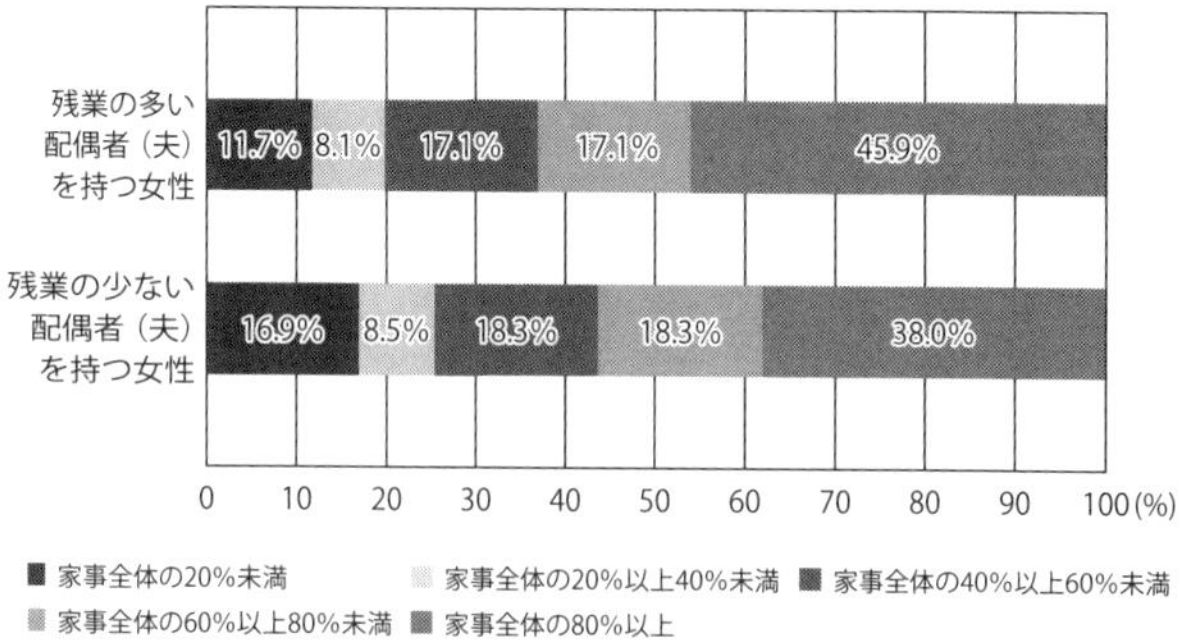

参考：日本総合研究所2017年調査「家事分担の現状」を基に作成

このことからも、夫の家事への参加率が低い原因が「働き過ぎ」にあることがよく分かります。20時や21時に帰宅して、スウェーデン男性と同じように3時間も家事をするのは不可能です。妻と協力し合うどころか、過労で倒れて余計に迷惑をかけることになりかねません。

もちろん労働基準法の改正に伴い、昭和よりも労働時間そのものは少しずつ短縮されています。それでも日本の男性が「働き過ぎ」なことに変わりはありません。

つまり、昔とは「父親像」が大きく変わってきているのに、男性が外で働く環境はほとんど変化が起きていないということ。だから

「父親はなかなか家事に協力してくれない」というシーンが生まれやすく、また女性は「あの人は子どもが生まれても全然父親らしいことをしてくれない」とつい愚痴をこぼしてしまうのです。

もちろん、子どもが生まれた時点で肩書は「父親」になります。しかし、世の女性が求めているのは「父親として家事に協力してほしい」「父親として子育てに参加してほしい」といった「行動」の部分なのです。「子どもが生まれたから残業を増やして今まで以上に稼いでくるね」と言われるよりも、「二人の子どもなんだから、家事も育児も分担して助け合っていこう」と言われるほうがうれしいという女性は多くいます。

もちろん、家のなかであぐらをかいてふんぞり返り、妻に命令してばかりのいわゆる「昭和の父親像」を貫きたくてやっているわけではない男性がほとんどでしょう。

特にこの本を手に取った方は「良い父親になりたい」「妻を支えたい」という思いがあるのだと思います。それなのに、なかなか行動に移せないのはなぜか。それは、ロールモデルにする人が昭和の父親しかいないからではないでしょうか。

つまりは、現代に即した「父親になるための見本」となるべき姿を知らないのです。

これでは、どのように振る舞えば良いのか分からないのも無理はないでしょう。

父親としての第一歩を

かくいう私も、恥ずかしながら自分の妻から受ける「夫・父親としての評価」はあまり高くはありません。

子どもが生まれて数年が経ったとき、妻から突然「生まれた瞬間、どう思った?」と聞かれたことがありました。

「元気に生まれてくれてほっとしたよ」と、私は正直な気持ちを答えました。

産婦人科医を長年やっていると、さまざまな出産に立ち会います。赤ちゃんに異常が見つかったり、母子ともに危険な状態に陥ったりと、出産の現場は幸せな瞬間ばかりではありません。仮死状態で産まれ、静かなお産になるケースもあります。

そのような経験をしているからこそ、元気な産声を上げて問題なく生まれてきてくれたわが子を見て、医師としても父親としても心からほっとしたのが事実です。ところが妻はその言葉を聞いて、大きなため息をついたのでした。

「それだけ？　私に対する気持ちは一言もないの？」

少し怒った様子でこうつぶやいたのです。

私はそのとき、ハッとしました。妻は「よく頑張ってくれた。大変だったね」とか「元気な子どもを産んでくれてありがとう。本当にうれしいよ」といった労りの言葉をかけてほしかったのです。

出産は、女性にとって命がけです。

ウサギの出産は5分、ゴリラの出産は30分といわれていますが、人間は初産婦なら平均12～15時間、経産婦でも6～8時間かかるといわれています。場合によっては陣痛開始から分娩までに24時間以上かかる人もいます。ここまで命がけで時間をかけて子孫を残す生き物は人間だけなのです。

陣痛とは、お産が近づくことで赤ちゃんを外に押し出すために、子宮が収縮することで起こる痛みです。「腰をハンマーで砕かれる感じ」などと表現されるほど、陣痛の痛みは耐えがたいもの。それが5～10分間隔で襲ってきます。そしていよいよ赤ちゃんが産まれるとなると、その痛みはピークに達します。

以前、バラエティ番組で男性タレントが海外の病院を訪れ、陣痛や出産を疑似体験するという挑戦が放送されていました。特殊な電流を流すことで痛みを再現する機械を装着するのですが、この男性タレントは分娩台の上で跳ね上がって痛がり、出産体験では「何かに刺されたぐらいに痛い！」と悶絶していました。体験後には「母親に産んでくれてありがとうと、心の底から言えます」と力説するほどでした。

このように、母親は想像を絶する痛みを伴いながら、子どもを出産します。だからこそ、その痛みを経験していない夫には、せめてもっと全力で感動や喜びを表現してほしいのです。

もちろん、お産はこのような「自然分娩」だけではありません。さまざまな理由から「帝王切開」を選択する人もいれば、赤ちゃんを引っ張り出す「吸引分娩」を選択せざるを得ない場合もあります。また、近頃では「無痛分娩」も浸透してきましたが、どれをとっても楽なものは一つとしてありません。

そうはいっても「そんなのうれしいに決まっているけど、口にすると安っぽいじゃん」「感謝してないわけがない。そんなこと夫婦なのだから言わなくても分かるだろう……」

と思ってしまうのが男という生き物。

しかし私は、妻の言葉でそれは勘違いであることを思い知りました。実は、出産の瞬間こそ夫婦の絆を強くするチャンスなのです。このとき「こんな大変な思いをしてまで、僕たち二人の子を産んでくれてありがとう」と声をかけることができれば、きっと妻も「この人は父親として、これから私たち家族を守ってくれる」と安心できるはず。また、言葉にすることで自分自身を「これから父親として頑張っていこう！」と奮い立たせることもできるのです。

以前オランダ人夫妻の出産に立ち会った際には、奥さんの横についていたご主人が必死に声をかけ、産まれた瞬間は「うれしい！」という気持ちを全力で伝えている姿が印象的でした。妻である女性は非常に心強く感じたことでしょう。日本人男性に足りないのは、こうした「気持ちの伝え方」なのだと思います。父親としての第一歩を踏み出すためにも、少し恥ずかしいかもしれませんが、ぜひ素直な言葉をかけてみてください。

【コラム】

「人が変わった」のはホルモンの仕業?

産後、急激に減少するエストロゲンとは別に、妻の心情の変化に関わるオキシトシンという女性ホルモンがあります。オキシトシンは産気づいたときに子宮をぎゅっと収縮させる役割を持ち、出産には欠かせません。産後間もない母親はこのオキシトシンの分泌量が盛んになり、授乳中など子どもと密着してゆっくりした時間を過ごしている間に、よく働いていることが、あらゆる研究から明らかになっています。

別名「愛情ホルモン」とも呼ばれ、このオキシトシンが分泌されることで「母として子どもを愛し、守っていこう」という強い気持ちが芽生えるのです。

一方で、男性には子どもができてもホルモンの変化が生じないため、出産直後の時点では妻と同じレベルで愛情を持つことができません。

妻からすると「なんでそんなに家族や子どものことを考えられないの?」と思えてしまい、苛立ちや怒りの感情が湧き、やがて夫に対し敵対意識が生じることがあります。

実は、この「敵対意識」を引き出すのもオキシトシンの仕業です。オキシトシンと攻撃性の関連について、カリフォルニア州のチャップマン大学でこのような実験が行われました。

実験に参加したのは40人の母親です。そのうち20人には、オキシトシンの分泌を高めるために実験前に授乳をしてもらい、「オキシトシンが多いグループ」と「オキシトシンが少ないグループ」に分けます。

そして、実験参加者には事前に仕掛け人と対面してもらいます。仕掛け人にはわざと失礼な態度を取ってもらい、母親に不快な印象を与えておきます。

その後母親たちには、「勝利すれば相手に嫌がらせのブザーを鳴らせる」というルールのもと、仕掛け人の女性とゲームで対戦してもらいます。

ブザーの大きさや長さは選択でき、相手への嫌がらせがひどければひどいほど攻撃性が高いと判断できます。

実験の結果、「オキシトシンが少ないグループ」の母親に比べて「オキシトシンが多いグループ」の母親には強い攻撃性が見られ、ブザーの音量は1・5倍大きく、鳴らす時間は1・3倍長かったのです。

前述したように、オキシトシンは「愛情ホルモン」と呼ばれ、絆を強める役目がありま す。しかし、その愛情や絆を邪魔する相手に対しては、攻撃性を高める作用があることが分かったのです。わが子への愛情が深まるのと同時に、「わが子を守ろう」と母親の攻撃性をも高めてしまう作用があるのです。

そのため、産後必死に育児に取り組む自分に比べて、夫が悠長に構えているように見えると、それだけで夫を敵と見なしてしまうのです。

1日中育児でヘトヘトになっているなか、やっとの思いで作った料理に対し「これだけ?」と思わず言ってしまう。子どもが泣いているのを見て「なんで泣いているの?」と他人事のように言ってしまう。「育休って良いよな」と、まるで妻がラクをしているかのような言葉を発してしまう。

こういった言動を取った結果、妻は夫に対し攻撃的に責め立てる口調になったり、ヒステリックになったりするのです。男性が「産後、妻がおかしくなってしまった」と思うのも無理はありません。

・ホルモンだけのせいにしないで

「産後の恨みは一生忘れない」という言葉があるように、オキシトシンは記憶と強く結びつくということも判明しています。

例えば、熟年離婚した60代の女性が「元夫は育児にはまったくノータッチだったから、子どもが自立したらすぐにでも離婚しようと思っていた」とか、産後の母親が「まだ生後1カ月も経っていない子どもがいるのに、夫が飲み会で明け方に帰ってきたことはずっと恨んでいる」といった話を聞いたことがある人も少なくないと思います。

決して女性が恨みがましい生き物であるというわけではありません。これもまたホルモンがそうさせているのです。しかし、ここで「産後の母親に起きるホルモンの変化が原因なら、もうどうしようもないのでは？」と諦めるのはどうかやめてほしいのです。

オキシトシンによって恨みを忘れないということは、良い行いも忘れずにいると考えられます。つまり産後に夫が優しくしてくれたとか、うれしい言葉をかけてくれたとか、そういった記憶もずっと残るのです。

だから「妻がちょっと攻撃的になったのはホルモンバランスのせいだから、とりあえずほうっておこう」ではなく、「どうすれば精神的に安心させることができるかな」と夫の視点で考えてみてください。具体的にアドバイスするならば、妻の話をゆっくりと聞いてあげることです。

何度も言いますが、産後の母親は常に孤独のなかにいます。まだしゃべれない赤ちゃんと1日中一緒にいて「今日は誰とも会話をしなかった」という人も多いのです。だからこそ夫が話し相手になってくれるだけでも、ずいぶんと心は落ち着きます。

そのときに重要なのは、問題を解決しようとすることではなく、ただ「うんうん」と気持ちに寄り添い話を聞いてあげること。すると「この人は私のことをちゃんと見てくれている」と安心感を抱くことができます。オキシトシンによって敵認定されてしまったとしても、たちまち「味方」に切り替わることは十分にあり得るのです。

［第3章］

コミュニケーションのズレは脳の構造にも原因が男女脳を理解するだけで夫婦仲が変わる！

男が子どもの泣き声に反応できないのはなぜ？

　脳科学的な観点で見ると、どんなに男性が積極的に育児に関わろうとしても、男性と女性とでは育児の対応力に違いがあることが、あらゆる研究で明らかになっています。やはり女性のほうが、子育てに俊敏に対応できる脳の仕組みになっているのです。

　イタリアで次のような実験が行われました。男女各９名の参加者にヘッドホンを装着し、リラックスしてもらいます。そして、時々そのヘッドホンからノイズ音や子どもの泣き声を流し、男女の脳がどう反応するかについて調べたのです。

　この結果、女性はノイズ音よりも子どもの泣き声のほうに脳が強く反応していることが判明しました。一方の男性は、ノイズ音と子どもの泣き声の反応の差がさほどなかったのです。

「どんなに子どもが夜泣きをしても、夫は平気でいびきをかいて寝ている」という声をよく聞きますが、これは決してその人が無神経なのではありません。そもそも、男女で脳の構造が違っているのです。このことを知らないままでいると、女性は「どうしてうちの夫はこんなに気づかないのだろう」とイライラしてしまいます。そうしてどんどんすれ違い、気づいたときには大きな溝ができてしまっていた――ということになりかねません。

つまり、良好な夫婦関係を維持していくためには、こういった男女の脳の違いを知ることが欠かせないのです。

新型コロナウイルス感染症（COVID－19）の流行により、私たちは未曽有の事態を経験しました。さまざまな情報が錯綜し、恐怖や不安に陥った人はたくさんいたと思います。なぜそんなことになったのか。それは、コロナが正体不明の「未知の敵」だったからです。男女も同じことで、お互いがどんな人間なのかをしっかり理解していないと、どうしても攻撃的な気持ちが生まれてしまうもの。そうならないためにも、私は「違い」を知ってほしいのです。

男女の違いを決定づける「脳」

男女の脳は、まずその重さから違いがあるといわれています。一般的に男性の脳の重さは平均約１３５０～１５００gに対し、女性の脳の重さは平均約１２００～１２５０gです（ちなみに脳の大きさと知能指数は比例しないという研究結果が出ています）。

また、右脳と左脳をつなぐ神経線維の束、つまり情報交換を担う役割を果たす「脳梁《のうりょう》」は、女性のほうが男性に比べ、太くて大きいと報告されています。

左脳は言語・計算・分析などの論理的思考を、右脳は直観力・芸術・創造性など感覚的思考を司ります。つまり、脳梁の太い女性は論理的思考と感覚的思考のバランスが良く、それらを使い分けることでマルチタスク能力が高い。一方の男性は女性に比べて脳梁が細く、シングルタスク能力が高いという傾向にあるのです。もちろん個人差があるのですべての男女に当てはまるわけではありません（この説を否定している科学者もいます）。

しかし、長年産婦人科医として多くの夫婦を見てきた私からすると「確かに」とうなずかずにはいられません。家事と育児を両立できる母親に対し、父親は瞬時にスイッチを切り替えることが苦手です。これらが大多数の夫婦に共通しているその理由は、脳の構造の違いにあるのだと私は思います。

普段の会話にも大きな違いが！

とある夫婦の会話を例に挙げます。

日曜日、久しぶりの買い物から帰ってきた妻が、ソファに座って新聞を読んでいる夫に楽しそうに話しかけます。

「今日ね、買い物に出かけたら大学時代の友達に会っちゃって。でね、カフェに入ってお茶でもしようかってことになったのよ」

「へえ」

夫は、新聞から目をそらすことなく適当な相づちを打っていました。それでも妻はご機嫌だからなのか、相変わらず楽しそうに話を続けます。

「でね、キャラメルなんとかってやつを飲んだんだけど、それがけっこうおいしくて！」

その瞬間、夫はふと顔を上げてちょっと苦笑いしながら一言。

「いや、メニュー名が分からないと味が想像できないんだけど」

妻は夫の態度を見て表情が一変し、大げさにため息をつくと低い声でつぶやきました。

「それ今関係ある？」

「え……」

「まあいいや。でね、友達の職場があなたの職場と近かったの！」

妻は気を取り直して話を続け、夫も妻の地雷を踏まないように話を合わせようと頑張ります。

「そうなんだ。どのあたり？」

「ほら、あなたの職場の近くの信号を右に曲がるとコンビニがあるじゃない。セブン‐イレブン。その隣のビルなんだって！」

夫はそこまで聞いて、また余計なことを言ってしまいました。

「いやいや、右にあるのはセブン‐イレブンじゃなくてローソンだよ（笑）」

「……あなたって、すぐそうやって話の腰を折るよね。ほんっと楽しくない！」

妻は大げさにため息をつくと、大きな声でこう言い捨てて部屋を出て行ってしまいました。

残された夫の心のなかは「えええ～!?　俺、正しいことを言っただけなのに？　どこで怒りを買ったんだ？」と、混乱気味です。

こういったシーンは、珍しいことではありません。なぜこの夫婦は仲良く話せなかったのか。それは、男性と女性で会話に求めているものが違うからです。

前の例ならば、次のような切り返しができていれば良かったかもしれません。

「今日ね、買い物に出かけたら大学時代の友達に会っちゃって。でね、カフェに入ってお茶でもしようかってことになったのよ」

夫は、読んでいた新聞を横に置いて顔を上げると、妻の顔を見て言いました。

「へえ、**それは良かったね**」

ここで妻は「この人は私の話を聞こうとしてくれている」とうれしくなります。

「でね、キャラメルなんとかってやつを飲んだんだけど、それがけっこうおいしくて！」

妻は相変わらず楽しそうに話し、夫はそれをうなずきながら聞いています。

「**うんうん**」

「それでね、友達の職場があなたの職場と近かったの！」

「それはすごい偶然だなあ。どのあたり？」

「ほら、あなたの職場の近くの信号を右に曲がるとコンビニがあるじゃない。セブン―イレブン。その隣のビルなんだって！」

「ああ、あのビルね。確かに近いなあ」

夫は心のなかで「右にあるのはローソンだけど……」とツッコミながらも、正しい店名はこの話の本筋ではないと瞬時に理解し、なお聞き役に徹します。

妻は夫が同調してくれることに喜びを感じ、ますます弾んだ声で話し続けました。

「でしょ？　もしかしたらすれ違ってるかもしれないわよ」

「そうだね、どんな人なの？」

「えっとね～」

夫がさらに質問をしたことで、会話のキャッチボールが成立しました。妻はうれしそうにニコニコ。夫もそんな様子を見てほほえんでいます。

いったいどこに違いがあるのか。それは、後者の会話では夫がひたすら妻の話に「共感」している点にあります。

つまり、女性は「うんうん」「そうなんだね」「すごいね」「それは大変だったね」と共感してほしい「共感脳」の持ち主が圧倒的に多いのです。

一方の男性は、会話のなかに目的を探る「目的脳」の持ち主がほとんどです。そのためオチのない話やコロコロ話題が変わっていくことが苦手。

早稲田大学国際教養学部教授で「恋愛学」の第一人者として知られる森川友義教授は「われわれ人間は狩猟採集時代の遺伝子を引きずっている」と言います。

狩猟採集時代において、男性は狩りを、女性は家を守ることが主な仕事でした。獲物を狩ることに集中しなければ取り逃がしてしまう恐れのあった男性は、必要最低限の会話、つまり「目的を解決するためだけの会話」しかしなかった。それが現代人の遺伝子に影響しているというのです。

一方の女性は、家を守るため常に周囲の人々とコミュニケーションを取っていました。そのため会話を通して人との和を生む「共感脳」が養われていたのです。

女性同士が集まって、世間話やうわさ話に興じる「井戸端会議」は、まさに共感脳があるからできること。男性側からすれば「よくそんな終わりのない会話をずっと続けられるなぁ」と思うでしょう。実はこの井戸端会議の様子は、『東海道中膝栗毛』など数々の古典作品にも登場しています。女性はいつの時代もこの「共感脳」を持って生き抜いてきたことが分かります。

次のような研究報告もあります。解析ツールサービスを提供する「Ｃｌｉｃｋｔａｌｅ」が、ある料理レシピサイトを使って、サイトの巡り方に男女の違いはあるかについて分析しました。

この調査結果によると、女性ユーザーはさまざまなカテゴリーをクリックして多くのページを回遊するのに対し、男性は女性ほどほかのページにアクセスしないことが分かったのです。

つまり男性は「自分が調べたいレシピを知る」という目的が達成された時点で、サイトから離脱する。この結果からも、いかに男性が「目的脳」であるかが分かります。

女は男の3倍話さないとスッキリしない？

「夫はいつも私の話に上の空」

「妻はいつも話が長くて疲れる」

実はこのようなすれ違いにも「脳」が大きく関係しています。

アメリカ・メリーランド大学の研究結果によると、男性が1日に発する単語数は平均7000語であるのに対し、女性は平均2万語もの単語数を発していることが明らかになっています。実に男性の約3倍です。

これにも前述した狩猟採集時代の遺伝子が大きく関係していて、男性は「獲物」をとることに集中し、会話に重要性を見出していませんでした。一方で女性は、話すことで集団のコミュニティを形成していたため、発する言葉数がこれほどに多いのではないかといわれています。

男性は7000語なんて職場などですぐに話し終えてしまいます。そのため夫は帰宅すると無口になりがちです。一方で、話し足りていない妻が「ねぇねぇ」と会話を促すとします。これに対し、夫は「その話、今聞かないとだめ？」とか「もう少し、必要なところだけかいつまんで分かりやすく話してくれない？」なんてことは絶対に言ってはいけません。女性が1日平均2万語話すことは、ストレス解消にもつながっているからです。

このような話をすると「先生、そうはいっても、妻の話にはどうしても共感できないんです」と言われることがあります。その気持ちもよく分かります。いくら脳の構造が男女で違うと理解していても、共感できない部分はあるでしょう。

例えば「今日ね、お気に入りブランドの限定10着のワンピースをゲットできたの！」と言われても、そのブランドに興味がなければ「良かったね」としか返せません。

しかし、その「良かったね」さえ地雷です。「どうしてそんな適当な返事をするの？」「また早くこの話が終わればいいのにって思ってるでしょ」と言われてしまいます。

共感しようと思って言ったはずなのになぜ？　その理由を妻は分かっているからです。夫がそのブランドの価値を知らないことも、心から「良かったね」と思っているわけではないことも……。

もちろんここで「ああ、良かったね。すごく似合うよ」なんて気の利いた台詞が言えればいいのですが、多くの男性はそうもいきません。ともすれば「へえ、それでいくらだったの？」とか「う～ん、でもちょっと派手すぎるんじゃない？」など、余計なことを言いかねないのです。ではどうすればいいのか。私は「オウム返し」をおすすめします。


「今日は○○の限定10着のワンピースが買えたの！」

「**限定10着のワンピースが買えたんだ**、良かったね」

「うん！　でね、たまたまタイムセールが始まってラッキーだった」

「それは**ラッキー**だったね」

「あ、そういえばお昼はデパ地下のお惣菜を買ったよ。○○のサラダ、おいしいからさ」

「へえ、○○**のサラダって**、そんなにおいしいんだ」

「あなたにも今度、買ってくるね」

「ありがとう」


ポイントは、妻の言葉尻を繰り返すことです。さらにプラスアルファの言葉を足せるとなお良いでしょう。文字にするとなんだか手抜き会話のように見えるかもしれませんが、オウム返しをすることで妻は「ちゃんと私の話を聞いてくれているんだ」と安心するのです。

女性に合わせて、自分も2万語を話そうとする必要はありません。妻が2万語を話すまで、聞き役に徹すれば良いのです。そうすれば、お互いに夫婦の会話を楽しめるはずです。

男と女はまったく違う生き物

男女の違いといえば、産まれたての赤ちゃんでも明白です。男の子を育てている母親が「本当に男の子ってずっと動き回っていて大変」と話しているのをよく耳にしますが、確かに男の子の赤ちゃんのほうがじっとできない傾向にあります。もちろん個人差はありますが、つかまり立ちができるようになると、少し目を離したすきにあちこちに移動し、ひっくり返っては転ぶ。立って歩くことができるようになると、さらに行動範囲が広がるので、母親は気が気ではありません。ゆえに「男の子は手がかかる」と昔からいわれてきました。

このように行動範囲が広いのも、狩猟採集時代の遺伝子が関係していると私は考えています。男は狩りが終わると、その獲物を持って家に帰らないといけません。しかし道もなければ地図もない。だから帰り道が分からなくならないよう、方向というものにものすごく敏感でした。自分の位置を常に確かめる本能が、このころから身についているのです。男性には方向音痴が少ないといわれる理由も、これが関係しているのかもしれません。

一方の女性は、例えば洞窟を住処にしていた場合、行動範囲をその周辺までしか広げません。それゆえ、本能的に方向感覚が身についていないと考えられています。

また、イギリスの発達心理学者のサイモン・バロン＝コーエン氏は「男の子は対物志向が強く、女の子は対人志向が強い」と説いています。赤ちゃんのころ、男の子は電車や飛行機など乗り物のおもちゃで遊びたがりますが、女の子はままごとや人形遊びなど社会性のある遊びを好みます。つまりこれも「男女脳」の違いなのでしょう。

このように赤ちゃんのころから明確な違いが表れているのに、大人になってその違いがなくなるなんてことはあり得ませんから、夫婦の行動に差が出てしまうのは当然です。

例えば、夫婦で夫のネクタイを買いに行ったとしましょう。夫は「ネクタイを買う」という目的があるため、一直線に紳士服売り場に行きたい。ところが妻は紳士服売り場にたどり着くまでに、化粧品を見たり靴を見たり、挙げ句の果てには「ちょっとあそこのカフェで休憩しない?」と言ったり……。「せっかくデパートに来たんだから、いろいろ見ましょうよ」と、とにかくあちこちに目移りしてしまいます。夫からしたら「どうして目的があるのに寄り道なんかするんだ」と理解に苦しむことでしょう。女性はその場を臨機応変に楽しめますが、男性は目的がないと前に進めません。これが男女の違いなのです。

まるで正反対の男と女、いったいどうすればいいのでしょうか。その答えはただ一つ、お互いがお互いのことを「こういうものだ」と理解し合えばいいのです。

夫は正しさを押し付けたり、間違いを指摘したりせずに、「共感してほしいんだな」と妻の話にただ耳を傾ける。妻は「私の話がつまらないのね」と怒るのではなく、「この人は共感するのが下手だから仕方ないか」と許容する。

人間は理解されたい生き物ですから、つい自分の考えを押し付けようとしてしまいがちです。でも、まずは「この人は自分とは違う人間なんだ」ということを受け入れ、歩み寄ることから始まります。そうすれば必ず夫婦間の信頼関係は築けるはずなのです。それを怠ると、本人にその気はなくとも妻に対して上から目線になってしまいやすいので注意しましょう。

脳のつくりが正反対な二人がなぜ惹かれ合う？

すれ違いが起きるのは、男女の脳のつくりが違うから。では、なぜそこまで正反対の二人が惹かれ合うのでしょうか。顔が良かったから？　性格が良かったから？　好みが似ているから？　それはもしかしたら、「匂い」かもしれません。

１９９５年、スイスのベルン大学の動物学者クラウス・ヴェーデキント博士が、Ｔシャツを用いてある実験を行いました。

44人の男性に同じＴシャツを二晩着用してもらい、49人の女性にそのＴシャツのなかから好きな匂いを選んでもらうというものです。女性がそれぞれ選んだＴシャツに染み付いた匂いを分析すると「女性の遺伝子パターンからもっとも遠い遺伝子パターンを持つ男性」のものを好む傾向があると分かったのだそうです。

この実験の基準となった遺伝子が「ＨＬＡ遺伝子」。これは人の体臭を決める遺伝子で、フェロモンに大きく影響しています。

なぜ「HLA遺伝子」が遠いほうが惹かれ合うのか。その理由は「遺伝子が近い関係で子孫を残してはいけない」と遺伝子レベルで刷り込まれているからではないかと考えられています。そのため、まったく異なる遺伝子を持つ異性に本能的に惹かれ「良いにおい」と感じるのです。

思春期の女の子が父親を「くさい！」と言って避けるようになるのはよく聞く話ですが、実はこれも近親相姦を避けるため、自分に近い遺伝子を拒否しているのではないかといわれています。

近年では、見た目や経歴よりも確実性があるということで、参加者のHLA遺伝子をあらかじめ分析して相性をみる「DNA婚活」というものが注目され始めています。まさにHLA遺伝子は「赤い糸」なのかもしれません。

また、このような調査結果も報告されています。

株式会社マンダムが発表した「男女（夫婦）の関係とニオイについての調査レポート」によると、75・4％の女性が「結婚してから相手のニオイが気になるようになった」と回答し、夫の匂いが気になり出すのは平均で結婚6年目、相手の年齢は37歳ということが分かりました。

さらに衝撃的なのは、夫への愛情が低い人ほど、あからさまに夫がいる部屋を換気したり、夫の衣類に消臭スプレーをかけたりしているということです。匂いと愛情が深く関係していることが、この結果からもよく分かります。

このように、たとえ遺伝子の違いで惹かれ合ったとしても、やがて関係に亀裂が入る可能性は十分にあり得ます。もともとは赤の他人ですし、そもそも遺伝子の遠い、つまり価値観や判断基準が大きく違う可能性の高い相手なのですから、当然といえば当然なのです。

「違い」を当たり前だと思う

結婚生活とは、極論すれば「他人と生活をすること」です。

育った環境も食べてきたものも、見てきた景色も何もかもが違う二人が同じ空間で暮らす。「お風呂に入らないまま布団に寝るのは嫌だ」という人もいれば「着替えればいいじゃん」という人もいる。「食事をするときはテレビを消してほしい」という人もいれば

「小さいころからテレビを見ながら食事をするのが普通だった」という人もいる。

もしもこれがルームメイトだったら「あの人とは育った環境も暮らしてきた場所も違うから仕方ない」と納得できるのですが、なぜか夫婦になると「どうして自分の生活に合わせてくれないのか」と思ってしまいます。親や兄弟でも100％分かり合えないというのに、なぜ夫や妻には「自分の気持ちが分かって当然」と錯覚してしまうのか。

何度も繰り返しますが、夫婦は赤の他人なのです。そんな二人が「言わなくても分かり合えるはず」なんてことはありません。だからこそ、お互いの「違い」を認め合ってほしいのです。

「食事のときはテレビを消してほしい妻」と「テレビをつけていたい夫」は、お互いの主張をぶつけ合わない限り、やがて食事をする時間が別々になり、家庭内別居のような状態になりかねない。そんな家庭で、子どもがすくすく健康に育つとは思えません。

もしここできちんと話し合いがなされれば、例えば「日曜の19時はどうしても見たいテレビがあるから、この日だけは食事の時間をずらそう」とか、「まずは1カ月、テレビをつけずに食事してみてから決めよう」といった提案が出てくるでしょう。

これこそが「家庭をつくっていく」ということなのです。「自分はこうしてほしいから絶対に従ってほしい」「実家ではこうだったから同じようにしてくれ」と、一方的な自分ルールを押し付けないことです。お互いの考えを伝えたうえで「自分たちのルール」を新しくつくっていくのです。

夫婦は結婚の約束を交わしたとき、死ぬまで添い遂げることを誓ったはずです。時にはお互いを憎み合うこともあるかもしれません。ボロボロになるまで喧嘩をすることもあると思います。それでも夫婦であるならば、一生一緒にいられるよう、互いに協力し合ってほしいのです。「言わなくても分かってくれるだろう」という考えは、今すぐ捨ててしまいましょう。言わなければ相手には伝わりません。それが夫婦なのです。

夫たちよ、妻はこのような言動に期待している！

そうはいっても、いきなり話し合いがスムーズに進んで夫婦仲が劇的に改善するなんてことはあり得ません。そんなに簡単な話ではないから、多くの人が悩んでいるのです。

まず夫である男性は、自分の妻がいったいどんなことを求めているのかを知ることから始めましょう。今から紹介するのは、一般的に、産後の妻が夫に対して求めているとされる言動です。ぜひ参考にしてみてください。

1．急いで解決しようとするのではなく、話を聞いてほしい

例えば妻が「最近、あんまりおっぱいを飲んでくれなくなっちゃって、どうしよう」と相談してきたとします。夫はすぐに解決策をネットで調べ「母親の食べ物が影響して、母乳がまずくなることがあるんだって」と妻に教える――。残念ながらこれは論外です。この結果、「私が原因だっていうの⁉　だいたいあなたは夜中に私が眠い目をこすっておっぱいをあげていることも知らないでしょ⁉　よくそんなひどいことが言えるわね！」と妻を怒らせてしまいます。妻の悩みを解決するために伝えた情報が、言い方次第で怒りを生んでしまう。

私たち現代人は、子どものころから正解がある問題しか解いてきていないので、何事にも正解があると思ってしまいます。だから、なんでも自分の頭でよく考えず、すぐに正解を探そうとする。しかし、妻はそんなことは求めていないのです。またネットには不確か

な情報もたくさんあるので、安易に情報をうのみにし、そのままを教えることはおすすめできません。

だからといって「ふぅん。まぁ、そんなに心配する必要ないんじゃない？」と言ってしまえば「そうやってあなたはいつも他人事なんだから！　どうして私ばっかり考えないといけないの!?」と怒りを買ってしまうことも。

ここでの正解は「そうなんだ。確かにいつもおっぱいをあげてくれる君が言うなら、ちょっと心配だね。でもあまり気にしすぎるのも良くないだろうから、もう少し様子を見てみようよ。それでも気になるなら病院の先生に聞いてみよう」と、寄り添う言葉をかけてあげること。「こうしたら良いんじゃないか」と決めつけず、妻の意見を尊重しながら大変さへの理解を示すのです。そうすれば、妻の精神状態はぐんと良くなります。

2．言わなくても気づいてほしい

産後の妻は常に寝不足です。せめて赤ちゃんが眠っている間は一緒に睡眠をとりたい……。ところが現実はお皿洗いや洗濯、掃除と、やらなければいけないことが盛りだくさん。心のなかで「ああ、夫が少しでも手伝ってくれれば睡眠時間が確保できるのになあ……」と思っているはずです。

しかし、妻はそれを素直に口には出せません。なぜなら専業主婦、あるいは育児休暇中の場合「自分は稼いでいないから、せめて家のことはやらないと」という気持ちがあるからです。たとえ働いていても「家事は妻がするもの」という常識に縛られる女性は少なくありません。そうして一気に不満が溜まり、あるとき急に爆発してしまうのです。

「ねぇ！　なんで私がこんなに必死なのに気づいて手伝ってくれないの！」

ところが夫は、そこで初めて妻がそんな不満を抱いていたことに気づくので、ついこう言ってしまいます。

「なんだよ急にそんなこと。思ってたならもっと早く言えばいいのに」

この言葉はさらに妻を怒らせてしまいます。夫からすれば軽い気持ちで口にしたのでしょうが、「私が大変なことくらい、見ていて分からないの!?　なんでそんな嫌味を言うことしかできないの!?」と、またまた怒られてしまいます。こうなると、ひたすら謝る以外に方法はありません。

このように、たいていの夫婦喧嘩は「相手にこうして欲しい」と望んでいるのに、そうならないという期待はずれから起こることが多いもの。妻は「なんでうちの夫は言う前に動いてくれないのかしら」とイライラする。一方、夫は「そんなに怒るくらいなら最初から言えばいいのに。なんでうちの妻はこうなんだろう……」とモヤモヤする。しかし、自分と違う意見を持っている人に対し、期待をしてもただ生きづらくなるだけです。

繰り返しになりますが、女性は共感してほしい生き物なのです。ここで反論しても仕方がありません。「うんうん」とうなずきながら、とにかく妻の話を聞きましょう。誤解を招くかもしれませんが、ときには「聞き流す」くらいの気持ちでいたほうが楽でしょう。そして、ポイントは「何も言わずに優しくサポートをすること」、これに尽きます。

3．頼まれなくても、家事をしてほしい

妻はわざわざ「これやってほしいんだけど……」と言う前に、夫に察して動いてほしいと思っています。

「ねえ、私が掃除をしないと部屋はきれいにならないわけ⁉ 一緒に住んでるんだから、

あなたも少しくらい掃除してよ」

「そんなこと言われても十分きれいじゃないか……。言ってくれたらちゃんとやるよ」

ついこのような会話になりがちです。しかし女性は「普通、見たら分かるよね？」と、思ってしまいます。さらには「今まで何度も『たまには掃除をしてほしい』って（遠回しに）言ってきたつもりだけど、やってくれた試しがない」と、過去のことまで引っ張り出してくることもあります。男性はそもそも気にしていないので「え、そんなことあったっけ？」と混乱に陥ります。

ここでの正解は、もちろん妻の動きを察して先回りをすることです。しかし、男性は脳の構造的に簡単に切り替えることはできません。それにこのような場合もあるのです。

「お風呂掃除しようか？」

「そういうの、聞かずにやってくれるとうれしいんだけど」

「え……。でもこの前、お風呂掃除しようと思って湯船の水を抜いたら『浴槽を漂白中だったのに余計なことしないで』って怒ったじゃん。だから声をかけてからのほうがいいのかなって」

「そういうのってケースバイケースでしょ、なんで臨機応変に考えられないの」

「……（じゃあ、どうしたらいいんだ！）」

会社では、頼まれてもいない業務を誰にも相談せずに進めるのは、現実的ではありません。チームに迷惑がかかるかもしれないし、もしかしたら上司は違うことをやってもらおうと頼むつもりだったかもしれないからです。こういう社会で生きてきた男性にとって「言われてもいないことを自主的にやる」なんて、なかなかできないのです。

しかし、家庭においては妻が「何も言わずに察してほしい」と思っているのも事実。頼まれてもいないことを、何も言わずにさりげなくできれば、非常にポイントが高いのです。

まずはささいなことから始めてみてはいかがでしょうか。例えば、背が高い男性の場合は電球を磨く、普段見えない棚の上を拭くなど、妻がなかなか手の届かないような場所を率先して掃除してみる。あるいは、靴箱のなかやベランダのサッシなど、毎日掃除をする必要はないけれどきれいなほうが気持ち良いというような場所を見つけ、ホコリを拭いたり整理整頓をしてみる。すると自分も気持ち良くなるだけでなく、妻からも「そこなかなか掃除できてないところだったから助かったわ」と感謝されるでしょう。

奴隷になればいいわけではない！

私は決して「産後の妻はこのような言動に期待しているから、夫たちはご機嫌取りに奔走しなさい」と言いたいわけではありません。どんなに頑張ったって、できないことはあります。

だからこそ、夫婦にはもっと会話をしてほしいと思っています。もしも妻から「言わなくても分かってよ」と言われてしまったら「ごめんね、でも言われないと分からないこともあるんだ。できるだけ気をつけるけど、そうならないために話し合わない？」と提案してみるのも一つです。決して「エスパーじゃないんだから、そんなの分かるわけないだろ！　君だって俺が何をしてほしいかなんて分からないのに、なんでこっちにばっかり求めてくるんだよ」などと反論をしてはいけません。

恋愛中はお互いを客観的に見ることができるし、それぞれの違いが魅力的にさえ思えますが、結婚をするとどうしても同じ土俵に上がってしまい「なんでこの人は自分と同じようにしてくれないんだろう」と思ってしまいがちです。でも、夫婦だって結局は他人なのですから「この人はそういう考え方をするんだな」と認め合い、そのうえできちんと冷静に話し合ってほしいのです。

おすすめは、家事の分担をきちんとすることです。そうすれば女性側も「私は無収入だから頼んではいけない……。」なんて気を使わずに済みます。

また、役割を決めることでお互いに手の届いていない部分が明白になります。するとサポートしてあげるべき部分もより分かります。このときはもちろんスマートにやることを心掛けてください。決して「ねえ、お皿洗いは君の仕事だったけど、できていないみたいだから僕がやるよ」などと言わないように。何も言わずにそっと手を差し伸べるのです。そうしているうちに、妻の要望が自然と分かってくるようになります。

しかし、どれほど優秀な夫に徹してもできないことはあります。例えばこのようなケースです。

「家事をしてくれるのはありがたいけど、夫が皿洗いをしたあとはいつもシンク周りが水浸し。うんざり！　言わなくても拭いてほしい！」

男性は自分の仕事が明確になれば指示どおりに動けるのですが、決めたことしかやらないことに女性がストレスを感じることもあります。

この場合は、妻が夫に繰り返し頼むことで習慣化させるのがベストです。

例えば夫が洗いものをしているときに「それが終わったら、あのタオルでシンクの周りの水滴も拭いておいてくれると、次に使うときに楽で助かるわ」と妻がさりげなくお願いをする。ここで大切なのは回りくどい言い方をしないことです。

「いつも気になってたんだけど、お皿を洗ったあとのシンクが水浸しだよ。私が毎回拭いてるんだけど気がつかなかった？　次に使う人のことも考えてほしいんだけど」

この言い方では、夫には何も伝わりません。なぜなら男は論理的思考の傾向が強いので、結論から先に言われたいのです。だからまずは「水滴を拭いてほしい」というお願いを伝える。さらに「あのタオルで拭く」という手順をしっかり説明することで、やるべきことが明確になり、動きやすいのです。すると、やがて夫のなかで「皿洗い後はシンク周りを拭く」と習慣化され、頼まなくてもやってくれるようになるはずです。

加えて、「拭いてくれるとシンクがきれいになって次に使うときが楽」ということをしっかり伝えるのがベストです。多くの男性は気づいているのにやらないのではなく、気づけていないだけなのです。だから指示をもらえれば、きちんとできます。

もしもあなたが「妻からの指示が分かりにくい」と悩んでいるのであれば、ここに書いていることを例に出し、「脳の仕組みがそもそも違って、理解に差がある。大変かもしれないけど、もう少し詳しく教えてほしい」と話してみましょう。

産後の女性は、頼まなくても察して家事をしてほしいと思っています。しかし男性はすぐには変わることができません。ではどうしていくべきか、お互いに話し合うことで解決につなげていくのです。

このような言葉にご用心！

意図的に妻を傷つけようとして言ったわけではないのに、たった一言が引き金となって大喧嘩に発展した……。なんてことは、多くの夫婦によくあることです。しかしこれもまた「脳の仕組み」の違いを理解すれば回避できます。ここからは実際の夫婦間で起きた問題を紹介していきます。なぜその言葉がいけなかったのかを考えながら、演習問題を解くような感覚で読み進めてみてください。

事例①　「手伝おうか？」と良かれと思って言ったのに

生後8カ月の赤ちゃんがいる大隈さん夫妻。一家そろって晩ごはんを食べているときに、赤ちゃんが離乳食をこぼしてしまいました。妻の瑠美さんは真っ先にキッチンからタオルを持ってきて、べちゃべちゃになったテーブルと床を拭いています。同時に、お皿の落ちる音でびっくりして泣いてしまった赤ちゃんをなだめるのに必死です。

一方、夫の洋さんは一歩遅れて事態を飲み込みます。反射的に動けた瑠美さんとそうでない洋さんの違いは、ここまでで話したとおり「脳の仕組み」に原因があるので、もはや仕方がありません。しかし、問題なのは次の一言でした。

「あーあ。手伝おうか？」

それを受けた瑠美さんの顔はみるみる鬼の形相になります。

「は？　手伝うって何を？　なんでそんな他人事なの？」

洋さんからすれば「妻が大変そうだから」という思いで声をかけたのに、瑠美さんは主体性のない「手伝おうか」の言葉にうんざりしてしまったのです。

ここでの正解は、気づいた瞬間に拭くものを持ってきて、できるだけ早く元どおりの状態にするよう努めること。「手伝おうか」と相手に選択権を与えている時点で、他人事のように思われていると認識されても仕方がありません。そんなつもりじゃないにせよ、つい出てしまう「手伝おうか？」には十分に注意しましょう。

事例② 笑い話のつもりが……

2歳になる双子を育てている林さん夫婦。

食事中、夫の正平さんがふざけたように、妻の千尋さんにこう言います。

「なんかお前、食べるの早くなったよな。もう少し落ち着いて食べたらいいのに」

千尋さんは静かに箸を置くと、ぽろぽろと涙を流し始めました。

「私だって本当はもっとゆっくり味わいたい。でも、この子たちが生まれてからずっと時間がないなかで、急いで食べることが当たり前になっちゃったんだよ」

思わぬ妻のリアクションに、正平さんは戸惑ってしまいました。まさか、自分の妻がそんなふうに考えていたとは思いもしなかったのです。

ここで次の表（図表9）を見ていただきましょう。生後1カ月の赤ちゃんに授乳した時

［図表9］生後1カ月の子どもを持つ母親の授乳とおむつ交換

	0時	1時	2時	3時	4時	5時	6時	7時	8時	9時	10時	11時
おむつ	●	●			●			●	●		●	
授乳		●	●			●	●	●				●

	12時	13時	14時	15時	16時	17時	18時	19時	20時	21時	22時	23時
おむつ			●	●		●			●		●	
授乳		●	●			●		●	●		●	●

間とおむつを替えたタイミングを記入したものです。

昼夜問わず、1時間刻みで休む間もなく赤ちゃんの世話をしていることが分かります。産後の妻はこのように時間のないなかで、家のことに加え自分の身の回りのことをなんとか整えようと必死なのです。

食事はおろか、トイレすらゆっくりいけないことはよくあります。ましてや生まれて間もない赤ちゃんは夜泣きをする子がほとんどで、1時間以上ぐっすり寝てくれるだけで御の字という状況です。その間に一気に食事をしたり部屋の掃除をしたり……。そのため妻はおのずと早食いの癖がついてしまうのです。

それなのに「もう少しゆっくり食べたら」なんて言葉をかけられたら「なんてデリカシーのない夫なの！」と思われるのも無理はありません。

赤ちゃんが泣くので、食事を中断して抱き上げる妻に対し、「ちょっとくらい泣かせても平気だよ、ごはんゆっくり食べたら？」なんて言うのもご法度です。「手伝おうか？」がNGであるのと同様に、これらの言動も「結局夫は、育児＝母親がやることだと思っている」ととらえかねません。

そうではなく「僕が抱っこしているから、その間にゆっくり食べると良いよ」と声をかけてあげれば、夫も育児に参加してくれているという連帯感が生まれます。

事例③　悩んでいる様子だったので、励ましたら怒られた

真鍋さん夫妻はもともと共働きでしたが、出産を機に妻の涼子さんが育休に入りました。それまでずっと仕事を続けてきた涼子さんにとって、1日中自宅にいるのは予想以上にストレスが溜まるようです。

1日中浮かない顔をしている涼子さんに対し、夫の勇樹さんは「せっかく1年も育休があるのだから、子どもとじっくり過ごす時間ができて良かったじゃない」とポジティブな言葉をかけてきたつもりでした。

ところがある晩、勇樹さんが仕事から帰宅すると、いつにも増して涼子さんが思い悩んでいる様子。「どうしたの?」と聞くと「朝起きたら子どもにおっぱいをあげて、朝ごはんを作って。洗濯をして買い物に行って、夕ごはんを作る。毎日家事のことで精一杯。自分のために時間を使えないのがつらい」と言うのです。

勇樹さんは「なんだ、そんなことか」と拍子抜けしました。あまりに深刻な妻の様子に、もっと大きな問題を抱えているのではないかと思ったのです。

そこで、妻の気持ちを少しでも軽くしようと「子育て中のお母さんはみんな同じ気持ち、きっと一緒だよ」と明るく励まします。

ところが、その言葉を言った途端に涼子さんは怒り出し「なんでそんなこと言うの⁉ 私だって頑張ってるのに!」と声を荒げました。

「……(これはヤバイ)」

今まで何度も妻を怒らせたことがある勇樹さんはすぐに謝りましたが、涼子さんの怒りは収まりません。

「あなたは今までどおり、何も変わらず仕事を続けられるから良いわよね」

次第に、涼子さんの怒りの矛先は勇樹さんに向いてしまいます。慌てて「涼子だって育休を終えたら仕事に復帰できるだろう。それまでの辛抱じゃないか」とフォローするも、「1年経てば育児は終わりじゃないのよ！」と、涼子さんの怒りはますますヒートアップ。そのあとも次々と問題が現れてはまた別の話になり、いったい何に悩んでいるのかが分からなくなりました。しびれを切らした勇樹さんは、つい声を荒げてしまいます。

「いったい何が不満なんだよ！」

勇樹さんにとってみれば、妻が悩んでいるから励ましたのに、なぜこんなに怒られているのかが分かりません。

しかし、この一言が〝地雷〟でした。

「不満？　私はこれだけ頑張ってるのに、愚痴の一つも言っちゃいけないの？」

「そんなこと言ってないじゃないか」

「だいたいあなたは、いつも私の話をちゃんと聞いてくれない」

「聞いてるよ！　聞いてるから解決できるようにいろいろと提案しているんじゃないか」

「それが聞いてないって言ってるの！」

「もう、わけが分からないよ！」

口論は続き、時間だけが過ぎていきます。こうなるともう勇樹さんは涼子さんの怒りが静まるまで待つしかありません。

いったい何がいけなかったのか。涼子さんの本音は「ただ話を聞いてほしい」それだけでした。だから勇樹さんが解決策を提案したり、「そんなに気にすることじゃないよ」と軽く受け流したりすることに対し「この人は私の話を聞いてくれない」と悲観してしまったのです。

「それなら最初からそう言ってくれればいいじゃないか」

男性ならそう思うかもしれません。しかし女性は「察してほしい」「話を聞いてほしい」生き物で、解決策やアドバイスは求めてはいません。ただただ黙って話を聞いてあげるのが、ここでは正解なのです。

事例④「ママが良いんだね」の何がいけないの？

「パパは嫌！　ママが良い！」

このような言葉を子どもから聞くことは、どの家庭でもよくあります。しかし、子どもがそう言ったときの対応を考えていないと、思わぬ事態を引き起こすことになるかもしれません。

拓郎さんは子どもが生まれてからというもの、退社時間を早めていました。19時前には家に着き、食事前には子どもをお風呂に入れる。これが拓郎さんの日々の役割です。

晩ごはんの支度で忙しい時間帯に、夫がお風呂に入れてくれるのは、妻の聡美さんからしてもすごく助かっています。

しかし、困ったことがありました。

拓郎さんが子どもをお風呂に入れると、かなりの確率で大泣きしてしまうのです。

そのたびに「おーい。泣き出したぞ」と声がかかるので、聡美さんは料理の手を止めて、様子を見に行かなくてはなりません。その結果、結局聡美さんが面倒を見るケースがほとんどで、子どもをお風呂から出したあと、料理を再開して食卓を整えるのが常でした。

あるとき、いつものようにお風呂を終えて拓郎さんが子どもの面倒を見ていると、また泣き出してしまいました。そして「抱っこしても泣き止まないんだよなぁ」とキッチンまで連れていき、聡美さんに預けます。すると、さっきまで泣いていた赤ちゃんがピタリと泣き止んだのです。それを見てほっとした拓郎さんは、

「やっぱりママが良いんだね」

と言ってしまいました。すると、聡美さんの表情が一変。

「そうやって、結局あなたは何もしないわけ？」

さっきまで子どもに優しい顔を向けていた妻が、いきなり怒り出したのです。拓郎さんは驚きました。

「何もしないってどういうこと？」

「いつだって私に押し付けるじゃない」

「なんだよそれ。仕事を早く切り上げてお風呂に入れたり、面倒見たりしているじゃないか」

「できる範囲で、でしょう？」

「できる範囲でして何がいけないんだよ。こっちは仕事もあるんだから」

「仕事をしてたら子育てはしなくていいの？　あなたの子でしょ！」

「そりゃそうだけど、お風呂に入れたって、俺がやると泣き出すから仕方ないだろう」
「泣き止ませるにはどうしたら良いか、少しは考えてよ」
「なんだよ、その言い方！」

こうして、楽しいはずの食卓がピリピリしたムードになってしまいました。

さて、聡美さんの怒りは何が原因だったのか。きっとこれが初めてのことであれば、ここまで怒りの感情は湧かなかったはずです。ところが子どもが泣くたびに妻を呼び「子どもは母親がいちばん」と聡美さんにすべてを任せていたのがいけなかった。

子育てに関していえば、夫も妻も1年生です。周囲に育児経験者はいるけれど、自分自身に経験があるわけではありません。女性だから家事が好き、育児が得意というのは男性の勝手な思い込みでしかない。夫も妻も、親としては同じスタートラインに立っています。手探り状態のなか、失敗も一緒に経験しながら互いに成長していく。そんなスタンスと思いやりを持っていれば「やっぱりママが良いんだね」なんて言葉は出てこないはずです。

事例⑤　冗談で言ったんだから、そこまで怒らなくても……

中村さん夫妻は、週末に家族で出かけるのが習慣です。妻の恵さんが身支度をしている間、夫の和人さんは子どもを抱えて待っていました。

着替えをしている恵さんは、お気に入りのスカートのファスナーが上まで閉まらないと困っている様子です。

和人さんはそんな状況を笑い飛ばしてあげようと「結婚したときに比べると、ずいぶん大きくなったもんなあ」と冗談を言いました。しかし、恵さんから笑い声が返ってくるかと思ったら、「何それ？」とどこか冷たい口調です。

「え？　だってお尻が大きくなったから昔のスカートが入らないんだろ？　今日デパートで、大きめのサイズを見たらいいじゃないか」

「……」

「ほら、そんなタイトなスカートじゃなくてふわっとしたやつ。ファスナーじゃなくて腰回りがゴムになってるのだったら、はきやすいんじゃない？」

不穏な空気を感じた和人さんは、空気を変えようと新しい洋服に話題をそらします。ところが恵さんの表情は、ますます険しくなっていきました。

「バカにしてんの？」

「バカになんてするはずないだろ？　そんなパツンパツンの状態で無理してはくことないかなって思っただけだよ」

「やっぱりバカにしてるんじゃん！　私のことデブって言ってるんでしょ！」

「言ってないよ！」

「言ってるよ！　半笑いだし。マジむかつくんだけど」

結婚した当初の恵さんはスラリとしていて、身体のラインが出る洋服を好んで着ていました。が、出産後は身体が丸みを帯び、体重が6kgほど増えていました。

体重を元に戻したいと思いつつも、授乳中で食事制限をするわけにもいかず、運動する時間も取れず、体型のことを気にしていたのです。

妊娠中の体重は平均7～12kg増えるのが標準です。妊娠中は痩せ過ぎてもいけませんし、太り過ぎてもいけません。

出産を終えて自然と体重が戻る人もいますが、ホルモンバランスの変化やさまざまな状況から、そのまま体型が変わらないこともあります。「どうして元に戻れないんだろう」と焦ったり悲しんでいる女性は多いのです。ですから、そんなに気にするなら痩せればいいじゃないか、なんて考えは御法度です。

もちろん和人さんの場合は、妻が太ったことを悪いなんて思っていないし、無論、愛情も変わってはいません。ただただ「サイズの合うものを新しく買えばいいじゃないか」と提案したつもりが、恵さんからすると「お前は太ったんだから細いものははけない。以前と比べてきれいじゃなくなったんだから」とバカにされている気がしたのです。

できることなら「そのままでも十分かわいいよ」と言えるのが理想ですが、口下手な男性にはハードルが高いかもしれません。直接的な言葉で伝えられなくても、「そのままのあなたで良い」というメッセージを発するように心掛けましょう。

それだけで女性は安心し、心に余裕が生まれ、笑顔でいてくれるようになります。少なくとも外見や体型に関するネガティブな言葉は絶対に発してはいけません。このことはよく覚えておいてください。

事例⑥　同僚に子どもを見せたかっただけなのに……

女性は、常に人からどう見られるかを気にしています。そのため急な訪問を嫌います。部屋が少し汚れている、洗濯物が干されているなど、男性からすれば「別に気心が知れた仲だったらこれくらい見せてもいいじゃないか」と思うようなところでも、「完璧に見られたい」という気持ちが働く人がほとんどです。

竹下さん夫妻に子どもが生まれたのは結婚5年目、二人が34歳のときでした。待ちに待った子どもだったので、夫の隆さんはうれしくて周りに自慢したくて仕方がありません。

ある週末、外出していた隆さんは偶然、近所で友人と出くわしました。会うのは結婚式以来です。お互いの近況報告などを話しているうちにテンションが上がった隆さんはつい、「時間があるんだったら、子どもを見に来いよ」と誘ってしまいました。

もちろん、何の前触れもなくいきなり友だちを連れて帰ると困るだろうと思い、妻の裕美さんに電話をしてワケを話します。

「今さ、たまたま近くで友達と会ったから、家に呼ぼうと思うんだけど良い？　お前も前に結婚式で会ったことあるだろ？」

確かに裕美さんとも面識はありましたが、一言二言、会話をしたことがある程度です。

「えっ、今から？　家片付いてないよ」

裕美さんは明らかに困った様子。しかし、テンションが上がっている隆さんは気づきません。

「大丈夫、大丈夫。あいつ、そんなこと気にするタイプじゃないから」

「……来てもらっても、何もおもてなしできないし」

裕美さんの声はだんだん元気がなくなっていきます。それでも、隆さんのなかでは「友人を呼ぶ」という選択肢以外ないため、強引に話を進めます。

「問題ないよ。あいつと俺の仲だし。それに、酒とかつまみなら途中で買って帰るから、お前は何もしなくて大丈夫」

「あなたはそれで良いかもしれないけど……」

決して友達を連れてきてほしくないわけではなく、裕美さんにも心の準備や時間が必要なのです。ただ、それを今伝えるべきかどうかを裕美さんは考えていました。しかし、隆さんは裕美さんの次の言葉を待つまでもなく、

「じゃ、あと30分くらいで着くと思うから！」

と明るい声色で言うと、電話を切ってしまいました。

「ちょっと！」

裕美さんは、部屋を見渡します。シンクには洗い物が溜まり、バルコニーには自分の下着が干してある。鏡を見るとすっぴんで髪はぼさぼさ、洋服はよれよれの部屋着です。

「30分って……片付けも何もできないじゃない！」

途方に暮れているところで赤ちゃんがぐずりだしてしまいました。抱っこをしながらでは洋服を着替えることもできません。散らかっているものをクローゼットに押し込みながら、次第に泣きそうになってきました。

女性にとって、散らかった部屋を家族以外の人に見られるのは恥ずかしく、ストレスにすら感じます。夫の友人には良い妻であるところを見せたいのに、「家事ができない妻」と思われるのは男性の想像以上に大きなストレスなのです。

それなのに、身なりを整える時間も与えられず、部屋を片付けてもてなす準備をする余裕もなく、夫の友人を迎える羽目になったら……？

裕美さんは子どもをおぶって化粧を簡単に済ませ、シンクには洗い物が溜まった状態のまま、30分後を迎えてしまいました。

友人と帰ってきた隆さんは家に帰るなり「ごめんな！　散らかってるけど」と友人に声をかけます。友人は「すみません。突然お邪魔しちゃって。良かったらこれどうぞ」とフルーツを手渡してくれました。

裕美さんは「ありがとうございます」と笑顔で応じましたが、このフルーツの皮をむいて切って出すのも裕美さんです。お皿を出して皮をむいていると、ようやく眠ってくれた赤ちゃんは、隆さんと友人にのぞき込まれて、ふえふえと声を上げています。

「フルーツ、どうぞ」

テーブルにお皿を置く裕美さんの表情は硬く、さすがの友人も雰囲気を察しました。フルーツを一口、二口と食べると「竹下、あんまり長居すると悪いから、そろそろ帰るよ」と早々に帰宅しようとします。

「なんだよ。せっかく来たんだからもっとゆっくりしていけよ」

事態に気がついていないのは隆さんただ一人。

「裕美さん、じゃあまた」

そそくさと帰っていく友人を見送り、隆さんはトドメの一言を発しました。

「まあ、他人の家じゃなかなか落ち着かないよな」

その瞬間、裕美さんの怒りは沸点に達します。

「落ち着かない状況で呼んだのは誰なの⁉」

いきなり怒り出した裕美さんに、隆さんは慌ててしまいました。

「ど、どうしたんだよ」

「どうしたじゃないでしょ？　いきなり友達連れてきて、何考えてんの？」

「いきなりじゃないだろ、ちゃんと電話で確認したじゃないか」

「連れてくるの前提だったじゃない。あの状況で断れるわけないでしょう」

「別にお前が気にしてるほど散らかってないって」

「あなたは良くても、私は嫌なんだってば‼」

こうして夫婦喧嘩に発展し、隆さんはその後1週間、口をきいてもらえなかったのでした。女性はよく見られたい、きれいに見られたいという欲が男性よりも強くあり、それが叶わないときにはストレスを感じます。「そんなに気にしなくても良いじゃないか」と考えるのは男性の視点です。家庭を切り盛りしてくれる妻に敬意を持つべきですし、だからこそ人を招く場合には気を使わなくてはいけません。

では、どれくらい前に言っておけば良いのか、それは人によってそれぞれ基準が違いますから、事前にルール化しておけば、このような諍《いさか》いを回避できます。細かいことのようですが、子どもが生まれる前にぜひ話し合っておいてほしいテーマです。

事例⑦　風邪をひいたら心配されるどころか激怒された

「あなたのことが大好き。死ぬまでずっと一緒にいたい」

そんな奈々子さんからの熱烈なアプローチを受けて結婚を決めた悟さん。

妻の奈々子さんはフリーランスのデザイナーで、子どもを保育園に預けられるようになってからは在宅で仕事をしています。悟さんが帰ってくるまでに家の掃除と子どもの迎え、食事の用意までをきっちりこなさないと気が済まない奈々子さんは、完璧主義な女性です。悟さんはそんなきっちりした奈々子さんとは正反対で、マイペースにできることだけやる性格。必要以上の無理はしません。

そんな悟さんが風邪をひいたとき、問題が起きました。

夜、職場から帰ってきた悟さんは、帰るなりソファに倒れ込み「ああ、やばい。頭が割れそうだ」と言っています。奈々子さんは心配し、体温計を持ってきました。

熱を測ってみると37度3分。微熱があるようです。

「やっぱりなあ。朝から身体がだるかったんだよ。ああ、しんどい。今日はもうこのまま寝ようかな」

と弱気な発言をしています。しかし奈々子さんは少し驚いたように言いました。

「え、でも37度くらいなら身体は動くよね。今日ゴミ出しの日なんだけど」

「ああ、ゴミ出しね」

「うん、ゴミ出しはあなたの当番でしょう。遅くなったら間に合わないから今のうちに出してきて」

「ああ〜」

しかし、悟さんは返事をしたきりソファに寝転がったまま。

「ちょっと！」

「ああ、うん」

「ああ、うんじゃなくて、ゴミを出してきてよ」

奈々子さんの声色は明らかに怒っています。それでも悟さんは大げさにため息をつき、

「分かってるよ。今ちょっと休んでるんだ。病気のときくらいもっと優しくしてくれよ」

と、ふてくされてしまいました。

「病気って、ただの微熱でしょ？　私なんてちょっとくらいの熱じゃそんなの顔にも出さずに、仕事も家事もしてるんだから！」

「いや、俺、おまえに『体調が悪くても働け』なんて言ったことある？　きつかったら休んだら良いじゃん」

「私が休んだらこの子の面倒は誰が見るの？　家の片付けは誰がするの？　あなたの洗濯物は？」

次第に奈々子さんの声は大きくなります。悟さんは頭をかきむしりながら叫びました。

「ああ、もう分かったから！　そんなにキイキイ怒鳴らないでくれ！　頭に響くんだっ

て！」

「なんでそんな言い方しかできないの？　信じられない！　あなたは良いよね。子どもが生まれても今までどおり好きな仕事ができて、家に帰ればごはんがあって、洗濯物はきれいに畳まれていて、子どもと好きなときだけ触れ合ってれば良いんだから」

何か言い返すたびに奈々子さんのボルテージは高まっているようです。悟さんは頭が痛くて休んでいるだけなのに、なぜここまで責められているのかが理解できません。たまたま虫の居所が悪く八つ当たりされただけのような気がして、不愉快な気分です。

（体調が優れないときくらい優しくしてくれたって良いじゃないか。付き合っていたころや、新婚当初はあんなに大事にしてくれたのに……）

ところが、奈々子さんは八つ当たりしているわけではありませんでした。努力家で責任感の強い彼女は、多少体調が悪かったとしても、そんなそぶりをいっさい見せまいと努めてきたのです。微熱くらいで寝込んでしまっては家庭を切り盛りすることはできない。ましてや、一人ではまだ何もできない赤ん坊が目の前にいるのだから、泣き言をこぼすわけにはいきません。だから、きつくても疲れていても頑張り続けていたのに、夫は微熱で大騒ぎをしている。「私はいつも我慢しているのに」と不公平な状態にあることに、不満が爆発してしまったのです。

「きついならきついと言ってくれれば手伝うのに」と思うのが男性です。しかし、母親になった女性たちは「自分がしっかりしなくちゃ」と常に気を張っています。

自分から「きつい」と言えない妻に対して、必要なのは「観察」です。無理をしていないか、平気なふりをしていないか、普段と違う様子はないか。観察をして気づくことができれば、優しい声をかけられます。妻が求めているのは励ましの言葉や応援する言葉ではなく、「いつもありがとうね」「つらくない?」という労いの声かけなのです。

それだけで「私のことを見てくれている」「大切にしてくれている」と感じ、優しい気持ちになります。

妻も本当は、夫に優しくしたいと思っています。しかし、それだけの余裕がないのです。夫としてできることは、妻の心に余裕がないと思ったら手を差し伸べてあげること。それだけで二人の関係はぐっと改善されるでしょう。

事例⑧　家事は妻がするもの？

山本さん夫妻には2歳になる子どもがいます。ある週末、買い物に出かけた日のことです。そのまま食材を買って帰宅し、ごはんを食べる予定でしたが、妻の可奈子さんは「今日はこのまま外で食べて帰る？」と夫の大吾さんに提案しました。

大吾さんは、2歳の子どもと一緒だとレストランに入ってもゆっくりできないので「いや、今日は家で食べよう」と返事をします。

可奈子さんはどこか浮かない表情をしていましたが、そのままスーパーに寄ることに。可奈子さんは惣菜コーナーを見ています。

「あれ？　なんか出来合いのもの買って帰る？　それなら近くの惣菜店に寄ればよかったね。俺、あそこのから揚げ好きなんだよなぁ。あ〜なんか、から揚げ食べたくなってきた」

「……」

可奈子さんは何も言わずに精肉コーナーへとカートを押していきました。今度は鶏肉を選んでいます。

「お！　今日はから揚げ？　ラッキー！」

そのまま可奈子さんは無言で買い物を続け、レジへと進みます。大吾さんは「疲れているのかな」と思い、そのままそっとしておくことにしました。

家に帰ると可奈子さんは眠ってしまった子どもを布団に寝かせ、から揚げの準備を始めます。その間も、終始無言です。大吾さんはこのとき、異変に気づくべきでした。

実は可奈子さんは「今日は料理をする気力がない」とメッセージを送っていたのです。「外食をしようか」と提案した裏側には「帰ってごはんを作りたくない」という思いが隠れていたのでした。それに対して「家で食べようよ」という大吾さんの返事を聞いたときに、可奈子さんの心のなかでは「作るのは私なんだけど！」という不満が渦巻いていたのです。

さらには、できれば惣菜と簡単な料理で済ませたいと考えていた可奈子さんの隣で、大吾さんが「から揚げが食べたい」と言ったことで、疲れている身体にムチを打って料理をする羽目になってしまいました。

カラリと揚がったから揚げを前に、可奈子さんの表情は険しいまま。食卓について、ようやく大吾さんは異変に気がつきました。

「ねえ、なんか怒ってる？」

勇気を出して尋ねます。

「……別に」

冷たく返す可奈子さん。

「じゃあ、なんで何もしゃべらないの？」

山本さん夫妻は、ごはんを食べるときにはテレビを消して、夫婦の会話を大切にしようと二人の間で約束していたのです。

「……」

可奈子さんは、すぐに自分が怒っている理由を分かってくれない大吾さんに対して「この人に何を言っても無駄」と諦めモード。こうして、コミュニケーションの遮断が起きてしまうのです。夫からすると、「助けてほしい」「こうやって手伝ってほしい」と言ってもらえればそうするのに、言ってくれないから分かるはずがありません。

しかし可奈子さんは「外食しよう」と伝え、「惣菜コーナーを見ている」ことで「今日はごはんを作りたくない」というメッセージを発していたつもりなのです。にもかかわらず「から揚げが食べたい」と言われた。つまり「自分がから揚げを作るしかない」と受け取ったのです。

もちろん大吾さんはそこまで完璧を求めてはいませんでしたが、母親になり、家事に対して責任感を持っている可奈子さんは「自分がやらなきゃ」と思ってしまった。

さらにいえば、妻は夫に、父親として母親と同じレベルの意識改革を期待しています。それなのに、妻の様子や家庭の状況と関係なく「自分がやりたいこと、食べたいもの」をいってしまう夫に対して「協力する気がない」とがっかりしてしまうのです。

このような男女の間によく起きるミスコミュニケーションは、たった一つの方法で解決できます。それはお互いの状況を共有し、「どうしてほしいか」をはっきりと言葉で伝えること。すごくシンプルですが、男女の違いを理解していないと「それが必要である」ことに互いに気づけません。でも、気がつきさえすれば、誰でも実行できます。

もしも妻から「食事を作りたくないときもあるから、そのときは外食しよう」とか「愚痴や弱音を聞いてほしいときがあるから、そんなときは異論を唱えず、ただただ受け止めてほしい」という気持ちが聞けていたら、おそらく夫の反応は違っていたはずでしょう。

しかし、女性がそのように振る舞えないのは、産後、心も身体も疲弊していてそれだけの余裕がないからです。男性に求められているのはその状況を理解し、大変さやつらさを察してあげられるように努めることです。

それでも、男女は違う生き物ですから、完璧に相手のことを察することなど不可能です。だからこそ夫は、妻に対して「大変なときやつらいときには気がつけるよう最大限努力する。でも、気がついていないときは言葉にして教えてね」と伝えてほしいのです。

気恥ずかしい面があるかもしれませんが、このシンプルなコミュニケーションを意識するだけで、夫婦喧嘩の回数は格段に減るはずです。

【コラム】

誰にも聞けない産後のセックスレス問題

・出産は夫婦の性生活も変えてしまう？

「出産の立ち会いを経験すると、妻とは今後セックスができなくなりそう」

立ち会い出産をするかどうかの話になると、男性からこのような声がよく上がります。命が誕生する瞬間というのは何度経験してもすばらしいものですが、一方で自分の妻が見たこともない顔をして苦しんでいるシーンや、羊水、血のにおいなどに衝撃を受けてしまい、感動そっちのけになってしまう男性がいるのも事実です。

なかには気分が悪くなり、退室してしまう人もいます。そして、その場面が脳裏にこびりついてしまい、以降「妻を抱けなくなってしまった」というケースは意外と多いのです。

このように、産後の夫婦関係を大きく変えてしまう原因の一つに「性生活の変化」が考えられます。これは、男性側だけでなく女性側にも「産後にセックスをしたくなくなった」という人が増えているのです。

妊娠・出産・育児サイト「ベビカム」が2017年に行った調査によると、出産後、妊娠前に比べてセックスの頻度は変わりましたか?」という質問に対し、84・1%もの人が「はい」と回答していることが分かりました(「妊活中・妊娠中・産後のセックス」について)。

さらに「産後のセックスの頻度」についていちばん多かったのは「月1回」の27・5%、次いで「月2~3回」が26・6%、「年に数回程度」が24・8%で、セックスは月数回以下という人が約8割に上るという結果に。また「夫婦生活を再開していない」という回答は28・9%ありました。妊娠前は半数以上の人が「週1回以上」と回答しているのを考えると、これは実に大きな変化といえます。なぜここまで大きな差が開いてしまうのでしょう。

よく挙げられる理由には、妻の「会陰切開をしているので膣の状態が不安」ということです。事実、先述したベビカムのアンケートでも「産後のセックスで不安や不満に感じること」について会陰切開を理由にしている人が最も多いことが分かりました。会陰とは膣口と肛門の間の部分を指します。ここを少し切開すると赤ちゃんの頭が出てきやすくお産がスムーズになるので、会陰切開をして出産するのが一般的です。

なかには会陰が柔らかく無傷で終わる人もいますが、多くの場合は会陰切開を選択しますし、また、切開しなくとも自然裂傷といって会陰が自然に切れることがほとんどです。切れた部分はそのままにせず、産後に縫合します。まさに、手術後に傷口を縫い合わせることとほぼ同じなのです。

産婦人科医としては、1カ月検診を終えて膣の状態に問題がなければセックスを再開してもいいと伝えています（帝王切開の場合は縫合した傷口の様子と応相談）。ところが、たとえ医師がOKを出したとしても、不安に感じてしまうのは無理もありません。一度出産を経験すると、膣の状態が今までと違う感覚になるという人もいるからです。

また、アンケートによると「子どもが起きるかもしれないのに、そんな気になれない」とか「育児でヘトヘトだから早く寝たい」と答えた女性もいました。赤ちゃんが生まれたことで、意識が完全に「育児モード」に切り替わっているからです。

・セックスレスは離婚を誘発する

こうした身体や環境の変化をそのままにしていると、やがて夫婦はセックスレスに陥ってしまいます。日本性科学会は1994年に「特別な事情がないにもかかわらず、カップルの合意した性交あるいはセクシュアル・コンタクトが1カ月以上ないこと」を「セックスレス」と定義しています。先ほどの調査結果でいえば、産後の夫婦の約3割がすでにセックスレスになっているといえます。これは、由々しき事態です。なぜならセックスは子どもをつくるための行為である前に、夫婦における大切なコミュニケーションの一つだからです。例えば喧嘩をして険悪なムードになっていても、身体を重ねて仲直りできることもあります。精神的にも密接につながり合える大切な愛情表現の一つでもあります。手を軽く握るだけでも、ストレスホルモンであるコルチゾールが低下し、愛情ホルモンであるオキシトシンが分泌されるのですから、セックスがいかに夫婦にとって大切な営みなのかは明白です。

民法770条によると、基本的にセックスレスは法定離婚事由には定められていないので、セックスレスを理由に法的に離婚できるかといえばNOです。

セックスレスによって例えば不貞行為に走ってしまうケースが考えられます。「妻が育児にかかりっきりでさみしかったから、つい出来心で……」なんていう男性を、よくテレビでも見かけます。女性側からすると「こっちは慣れない育児に必死で頑張っているのに、何が出来心？　何がさみしい？　いい加減にしてよ！」と離婚に発展してしまうこともあるでしょう。

あるいは、何度も求めたのに妻が拒否し続けたことでプライドが傷ついてしまい、その結果夫婦仲が悪くなり離婚に至ることもあり得ます。いずれにしても、夫婦のコミュニケーション手段の一つである「セックス」が絶たれることは、大きな問題なのです。

性的不調和がきっかけで離婚を招くとしたら、実に悲しいことです。そうなる前に防ぐ方法はなかったのかと、思わずにはいられません。

・三大欲求の「性欲」が減退している！

産後の変化がセックスレスを招いていると指摘しましたが、そもそも最近の夫婦はセックスの頻度が少ないように感じます。

私は不妊治療にも携わっていて、病院を訪れる夫婦には、セックスをした日に印を付けたカレンダーを持参するようお願いしています。以前はたくさん丸が付いたものを目にしていましたが、最近は1カ月に一つしか丸がないことがほとんどです。

それも「この日は妊娠する確率が高い」という排卵日のみを狙っている。つまり、欲望やコミュニケーションからのセックスではなく、目的が「子どもを生むため」のみになっているのです。これでは妊娠した時点で目的が果たされてしまうわけですから、産後のセックスレスにつながるのも無理はありません。

少し古いデータですが、日本家族計画協会が2014年に実施した「男女の生活と意識に関する調査」によると、婚姻関係にある回答者のうち44・6％が「この1カ月、セックスをしていない」と回答したそうです。つまりは産後か否かにかかわらず、夫婦の約2組に1組がセックスレスに陥っているのです。

私の親世代では、月に一度しかセックスをしない夫婦は異常といわれるほどでした。事実、昔は子だくさんの夫婦が当たり前でしたが、現代では子どもが4人以上いれば「大家族」といわれます。

それはやはり、昔と今とでセックスへの見方が変わっているからだといえます。女性の社会進出に伴い、お互いが疲れてそれどころじゃないとか、娯楽がたくさんあるからセックスをしなくても平気など、理由はさまざまだと思います。

話し合い、お互いが納得したうえでのセックスレスであれば良いのかもしれません。セックス以外に、ハグや「愛している」という言葉を伝えるだけでも夫婦間の絆はぐっと深まります。「産後、妻の身体や気持ちが落ち着くまでは、我慢をする代わりに別の方法でスキンシップを図ろう」と心掛ける男性は実にすばらしいと思います。

このように、夫婦間のセックスに正解はありません。私はしたほうがいいと考えていますが、しない選択をとったほうが幸せな場合もあります。セックスをするべきかしないべきかよりも、まずは「夫婦でしっかり話し合いをしてほしい」と私は切に願っています。「話し合う」という行為は、セックスレスから離婚への流れを食い止めるためにも有効です。お互いの気持ちをしっかり理解し合えていれば、どんな喧嘩をしようとも離婚には至らないはずです。

・夫婦のセックスに正解はない

「セックスに満足している」と答える夫婦の多くは「夫婦仲が良いと思う」と答えます。このことから、セックスの満足度や夫婦関係が密接に関連していることは明白です。

しかしそうはいっても、特に産後の女性においては「体調がまだ十分ではないのに、セックスする気になんてなれない」と思う人もいるでしょう。嫌がる相手に強要をすれば、夫婦間であっても強姦になってしまいます。これは良くありません。

一方で「産後、アンテナは常に子どもに向いてしまうようになったけど、新婚のころのようなムードさえあればその気になれるかもしれない」と考える人もいます。

結婚情報誌で知られる「ゼクシィ」が、結婚3年以上で1週間に1回以上セックスをしている夫婦100組にアンケートをとったところ、セックスレスにならない理由については「お互いに感謝の言葉を忘れないでいる」「愛情表現は言葉でする」といった回答が多くありました。夫婦といえど、相手は他人です。「言わずとも分かってくれるだろう」は通用しないのです。

例えば、セックスレスの夫婦のなかには「妻を何度か誘っても続けて断られてしまい、もう愛されていないんだと自信をなくしてしまった」という男性がいますが、もしも日頃からお互いに「愛しているよ」と伝え合えていれば、このようなすれ違いは防げるのです。

そもそも産後の女性は普通の状態ではないのですから、断られたからといってそれほど傷つく必要はありません。「子どもを産んで、妻が冷たくなった」と思うのではなく「産後だから、まだしんどいよな」と気持ちを切り替えてみてほしいのです。

そのためにはまず、男性は産後の女性の身体の変化について知るべきです。赤ちゃんが生まれ、大きくなっていたお腹がぺたんこになったからといって、以前のように元どおりになるわけではありません。

精神面でも、肉体面でも、女性は出産をきっかけに大きく変わります。まずはこれをしっかりと理解し、そのうえで自分たちが円満でいられる方法を話し合い、気持ちを伝えながら考えていきましょう。

［第4章］

育児は手伝うものではない！戦力になるために夫がやるべき行動とは

夫婦は一つの「チーム」

夫婦は、二人三脚でこれからの道のりをゴールに向かって歩んでいくことで絆が強くなります。二人三脚は、どちらかが「もっと速く走れないのか」とか「こっちに合わせてくれないと困る」と身勝手な言動を取っていたら、やがて転んでしまいます。二人同時に進める、ちょうど良い歩幅とリズムを探り合ってこそ「夫婦」なのです。

ここでとある家庭をのぞいてみましょう。

育児休暇を終えた美奈子さん。1歳になった子どもを保育園に預け、いよいよ職場復帰です。しかし出社して早々に「お子さんが発熱したので迎えに来てください」と電話がかかってきました。職場の仲間に頭を下げ、子どもを迎えに行き、その足で小児科へ。診断はただの風邪でしたが、熱が引くまで会社には行けないので、その旨を上司に連絡しなければなりません。

風邪をひいて機嫌の悪い子どもの面倒を見ながら食事の用意をし、ごはんを食べさせ、薬を飲ませ、なんとか寝かしつけることに成功。ところが会社から帰宅した夫の足音で、子どもはまた目を覚ましてしまいました。美奈子さんは「ようやく寝たところだったのに！」と思う気持ちをこらえ、再び寝かしつける。ひと息つく間もなく夫の食事の準備をし、さあ、持ち帰った仕事を片付けようと思った矢先に、再び子どもが起きてしまう……。そうして気づけば朝を迎えてしまいました。また、育児に家事にと追われる1日が始まります。

まるで母子家庭なのかと言いたくなるほど、父親の存在が見えません。しかし、多くの家庭がまさにこのような状態なのです。

客観的に見ると「なんだか母親ばかりが大変そうだな」と思うのですが、男性にとっては普通に生活をしているつもりなので、この状況に気づくことはなかなかできません。

そしてようやく美奈子さんが「せめて家事をいくつか分担したい」とヘルプを出すと、夫はこんなことを言うのです。

「自分は残業で早く帰ることはできないから、実家のお母さんに来てもらったら？」

「今は便利な家電がたくさんあるから、そういうのに頼ったら？」

「ごはんは手抜きでも良いからさ」

「最近は病児保育とかもあるんでしょ？　そういうサービスに頼るのも良いんじゃない？」

この態度に美奈子さんは落胆します。「この人なんにも分かってない……」彼女が頼りたいのは、外部の何かではなく今目の前にいる夫なのです。

仕事でとあるプロジェクトを進めているときに、チームの一人が「キャパオーバーで倒れそう」「仕事が追いつかないから助けてほしい」と言ってきたら「僕はこっちをやるから、君はその作業に集中して」と声をかけ、なんとかプロジェクトを成功させるための策を練り、力を合わせます。「僕は別の仕事で忙しいから、別の部署の人に声をかけて」なんて言わないでしょう。つまり夫婦は「子育て」というビッグプロジェクトを一緒に進めていくチームなのです。だからもしもチームの一人がヘルプを出したとしたら、助け合うのが当たり前なのです。さもなければ二人三脚の形は容易に崩れ、前に進むことができなくなってしまいます。

家事を「見える化」してみる

「俺はわりと家事を手伝っているほうだから、夫婦仲は意外とうまくいってると思うね」という男性もいます。しかし、本当にそうでしょうか。

大和ハウス工業株式会社が2017年に実施した「20代から40代の共働き夫婦の〝家事〟に関する意識調査」によると、驚くべきことが分かりました。

「家庭での家事分担における夫婦の比率」について、夫は「夫3割、妻7割で家事を担当している」と回答したのに対し、妻は「夫1割、妻9割で家事を担当している」と答えていたのです。

なぜこれほどまでにギャップが生まれているのか。その答えは、次の調査結果を見れば明らかです。

一般的にどの家庭でも発生している家の仕事30項目について「どれを家事だと思うか」という問いを夫と妻それぞれに質問しました。その30項目が次のとおりです（図表10）。

あなたが「家事」だと思うものはいくつあったでしょうか。

(1) 溜まったゴミを捨てる
(2) アイロンがけをする
(3) 食事の献立を考える
(4) ベッドや布団を整える
(5) 飲みっぱなしのグラスを片付ける
(6) 調味料を補充・交換する
(7) ゴミを分類する
(8) 食べ残しの食品を冷蔵庫にしまう
(9) 食事の前に食卓を拭く
(10) トイレットペーパーがなくなったときに買いに行く
(11) 手洗い場のタオルを取り換える
(12) 新聞・雑誌などをまとめて捨てる
(13) 脱ぎっぱなしの服をクローゼットやタンスにしまう
(14) クリーニングに出す、取りに行く
(15) 玄関の靴をそろえる
(16) 靴を磨く

参考：大和ハウス工業株式会社「20代から40代の共働き夫婦の"家事"に関する意識調査」を基に作成

この調査結果では、妻が「家事」と認識している仕事が夫よりも18項目多いことが分かりました。特に「トイレットペーパーがなくなったときに買いに行く」「靴を磨く」「町内やマンションの会合に出席する」という項目において、「家事」と認識しているのは妻と夫で10%以上の開きがあったのです。

大和ハウスはこれらの結果から、夫が家事と思わずに妻が家事と思っているものを「名もなき家事」と命名し、一時期非常に話題になりました。それほど「名もなき家事」をしてくれない夫に対して、不満を感じている妻が多かったといえます。

しかし、ここまで本を読み進めてきた方な

［図表10］一般的な家事リスト30

⑰町内やマンションの会合に出席する
⑱郵便物をチェックする
⑲子どもの食事を手伝う
⑳子どもの送迎
㉑子どもの学校準備、勉強をみる
㉒ペット、植物の世話
㉓使いきったティッシュの交換
㉔古くなった照明の交換
㉕ポストに入っていた不要なチラシの処分
㉖朝カーテンを開け、夜カーテンを閉める
㉗子どもとの会話
㉘家電製品の選定・購入・設置
㉙朝刊、夕刊を取りに行く
㉚使った道具を元に戻す

らピンとくるはず。そう、男性は「この仕事はあなたの役割だからちゃんとやってね」といわれないと、うまく動けない人ばかりなのです。「名もなき家事を、何も言われずとも率先してこなしてほしい」という要望を叶えるのは、意外と難しいのです。

幸福な結婚生活をするためには「住みやすい家」「共通の趣味」「家事の分担」「十分な収入」の四つがそろっていることが重要だといわれています。このように、何をすればゴールに近づくかがはっきりしていれば、ほとんどの男性は力を発揮できるものです。

だから私は、家事を「見える化」することをおすすめします。「名もなき家事」としてひとくくりにするのではなく、「靴を磨くのは夫の仕事」「会合に出席するのは1カ月おきに交代」など、具体的に誰が何をするかを一つひとつ明確にするのです。

そのためには、洗濯や掃除など毎日する家事はもちろん「布団のシーツを換える」とか「新聞をまとめてゴミに出す」といった細かなものまで、すべてのタスクを夫婦で話し合いながら表にするといいでしょう。男性の皆さんは、きっと自分の負担がほとんどないことに驚くはずです。

タスクを書き出したら、今度は「これは夫、これは妻」とバランスよく分配してください。それが話し合いです。そして、「もし自分のタスクを相手に代わってもらう場合は早めに声をかける」というルールも設定する。そうやって話し合いのもとでつくられたルールや分担なら、お互いに負担なくスムーズにこなせるはずです。

もしくは「タスクを相手にこなしてもらったら、お菓子やビールをお礼にあげる」といったユーモアのあるルールを入れると、ゲーム感覚が生まれるかもしれません。

また、毎日目にする場所にタスク表を貼り出すとさらに意識が高まります。一つひとつの家事をマグネットに書き出し、ホワイトボードを使ってタスク管理する家庭もあるようです。子どもが成長したら「自分にもできる仕事がある」とお手伝いのきっかけとなる可能性もあるので、非常に有効です。

男性は日常の掃除が苦手!?

しかし、いくら分担するとはいえ、できないことを担当にしても長続きしません。今まで一度もアイロンがけをしたことがない人に、突然「今日からここにあるすべてのシャツにきれいにアイロンをかけるように」といったところで、うまくいくはずがないからです。

また、洗濯当番に任命されたものの、何度やっても洗濯物がきれいに畳めない人もいます。ずっと継続していくものだからこそ、お互いの得意・不得意を考慮したうえで役割を決めることが大切です。

一般的に男性は、物事を一つひとつ順番にこなす「一点集中型」が得意といわれています。逆に、あれもこれも同時に進めることは苦手。例えば、女性は掃除をしながらテレビから流れるワイドショーを見て笑ったり、お皿を洗いながら電話をしたりすることができますが、男性の場合はどちらかの手を止めないとなかなか難しいものです。

また、男性は「すぐに問題を解決したい」という思いが強いため、全体を俯瞰して見るのは得意ですが、半径3メートル以内のものをしっかり見るのは苦手です。ですから家事のなかでも掃除は特に不向きといえます。

かくいう私も、掃除は苦手です。

以前、妻から「もうすぐ食事だからテーブルを拭いておいて」と頼まれたときのことです。拭くといっても、一見まったく汚れていないテーブルのどこをどうすればいいのか分かりません。

「え、別に汚れてないけど？」

と正直に伝えると、妻は目を丸くして

「あなた、この汚れが見えないの？　それに、ちょっと触ったらこのあたりがベタベタしてるじゃない」

確かに言われてみればそうかもしれませんが、しかしそのベタベタしている部分だけを拭こうとすると、それも違うと言う。よくよく話を聞いてみると「これから食事をするのに全体的に拭かないのはおかしい」というのが妻の意見だったのです。

これほど男性と女性の掃除への意識は違います。ところが、同じ掃除でも「大掃除」が得意だという男性は多い。なぜなら「普段そこまで丁寧に拭いていない窓を徹底的に磨きあげる」とか「換気扇の油汚れをきれいさっぱり洗い流す」といった、「1年で溜まった汚れを集中的に掃除する」というゴールが明確だからです。逆に日常の家事のなかにある「ちょっと床を掃除する」とか「テーブルの埃をサッと拭き取る」といった、いつも家のなかをきれいに保つための掃除はゴールが見えないため、不得意なのです。

得意なことを見つけよう

では、いったいどんな家事なら男性に向いているのでしょうか。

私のおすすめは「料理を作ること」です。

料理を軸にした職業といえば、シェフと料理研究家。この二つの職業、シェフは男性に多く、料理研究家は女性に多いイメージがあります。仕事の性差がほとんどなくなった近年ですが、それでも女性がシェフを務めるレストランをメディアで取り上げる際には「女性シェフが作る渾身の一皿」のようなうたわれ方をすることはよくあります。それはやはり、シェフは男性というイメージが強いからです。なぜそんなイメージがついたかというと、脳の仕組みの違いに理由があると私は考えます。

料理研究家の仕事は多岐にわたります。新メニューを開発したり、クライアントの要望に沿った家庭料理や節約レシピを考えたり、時には人と打ち合わせをしたりといった、コミュニケーション能力が求められることもしばしば。

一方、シェフの仕事は「自分の意思にかかわらず、オーダーが入ったものを次々に作り上げていく」というものです。誰かと会話をしなければならないわけでなく、料理を作る間はそのことだけに集中します。つまり、男性脳が得意な「一点集中型」の家事こそ、料理を作ることなのです。

また、料理は仕事にも似ています。きちんと仕上げるには、まず調理全体のプロセスを把握し、それに必要な時間を予測し、自分の作業手順を頭のなかで決めておく必要があります。料理をするうえで最も大切なことは「段取り」といっても過言ではありません。これは、仕事のプロジェクトを進めるうえでも同じです。

ここ数年のカレーブームが手伝ってか、最近は本格的なスパイスカレーを家で作る男性が多いという話も聞きます。本格的なカレーを作るには、スパイスを調合したり、タマネギをじっくりあめ色になるまで炒めたり、鶏肉を弱火でコトコト煮込んだりと、非常に時間がかかります。しかし、ただカレーを作ることだけに没頭できるので、男性はこの作業を楽しめるのです。

先述した大和ハウスの調査で、女性に「母の日に何をしてもらえるとうれしいか」と質問したところ、上位の回答は「言葉で感謝を示してくれる」47・7%、「外食に連れていく」34・7%といった結果になりました。そして、男性側に「母の日に何をしていますか」と聞いたところ、同様にこの二つを挙げた人が多く、妻が望むことと夫の行動が一致していたのです。

ところが「夕食を家で作ってほしい」と望む女性が26・7%いるのに対し、実際に「夕食を家で作っている」と答えた男性は7%しかいませんでした。

さらに「一人の時間がほしい」と望む女性30%に対して、実行している男性は5・3%という結果に。まさに多くの妻が「たまには家事から解放されたい」と切望しているのに、それが夫には届いていないことが分かります。

とはいえ、働き方改革が社会全体で進まない限り、日本男性の残業時間が大幅に減ることはありません。そのため平日に料理をすることは難しい。であれば、例えば「仕事が休みの日は夫が料理を担当する」というルールをつくるのも一つです。休日に買い物から支度、片付けまでをしてくれるだけでも、妻の精神的・身体的負担は軽くなるはずです。

また、子どもが離乳食を始める時期であれば、離乳食のストックを作る役割を夫側が買って出るのもよいでしょう。特に離乳食初期のうちは、10倍がゆといってごはんをペースト状になるまで炊き込んだり、のどに詰まらないよう野菜をすりつぶしたりと、調理に手間がかかります。もしも一度にまとめて冷凍のストックを夫がつくるようになれば、大助かりの妻は「家事に積極的に参加してくれている」という安心感を得られるでしょう。

ただし、一概に「男性だから料理が絶対に向いている」「男性だから日々の掃除は苦手」とは言い切れません。ここで挙げたのはあくまで一例であり、ごく一般的な男性脳の方に対する私の提案です。確かに料理を作ってもらってうれしい女性は多いはずですが、「十人十色」というように、夫婦のかたちはそれぞれ違います。ぜひこの点は二人でしっかり話し合い、価値観を共有したうえで、同じ歩幅で歩んでいけるよう取り組んでみてください。

3歳児神話の崩壊

さて、夫としての「家事への関わり方」はこれまでで十分に分かっていただけたかと思います。では「育児」についてはどうでしょう。もしかすると「家事は自分たち男にもできるけど、やっぱり育児は母親主体じゃないと」「どんなに男がヤル気を出しても、やっぱり子どもはお母さんが好きに決まっている」といった考えを払拭できない男性も多いかもしれません。

そう思ってしまうのは「子どもが3歳になるまで、母親は子育てに専念すべき。そうでないと子どもの成長に悪影響を与える」といった「3歳児神話」が根づいているからでしょう。確かに現在もこの「3歳児神話」を肯定し、子どもの情緒を育てるには母親の存在が欠かせないと提唱する児童心理学者もいます。

しかし私は、決してそんなことはないと考えます。事実、さまざまな研究現場で「3歳児神話」を否定する論文が取り上げられているのです。

その一つが1999年に発表された、アメリカのナショナル・ロンディッツードゥナルサーベー・オブ・ユースという研究グループによるもの。

彼らは、子どもが乳児期の間に母親が早期就労復帰をした場合、子どもの問題行動の発達に影響するかについて、研究しました。サンプリングに使われたのは、1万2600名の14~22歳までの女性たち。彼女たちから生まれた子ども2095名を12歳まで追跡し、12歳までの多感な時期において、子どもに問題行動が出たかどうかを測定したのです。その結果、母親の早期就労と問題行動はリンクしていないことが分かりました。

最近は共働きがスタンダードになり、1歳になる前から子どもを保育園に預ける母親が多くいます。しかし、年配の人ほど「そんな小さなうちからお母さんと離ればなれになるなんてかわいそう」「働くよりも子どもと過ごす時間のほうが大切」などと言います。

その世代が子育てをしていた時代は「24時間365日、母親が育児をする」という考えが当たり前だったからです。子どもにとって母親はかけがえのない存在であり「小さいうちは絶対に一緒にいないといけない」と言われた世代だったのです。

しかし、母親のもとを離れて保育園に預けられた子どもは、その間ほかの大人や同世代の子どもと触れ合う機会が増えるなかで、たくさんの刺激を受けることができます。集団行動も早くから身につくため「情緒が育たない」と一概に言い切れるとは思いません。

もちろん母親が「私は3歳まで子どもと一緒にいたい」と望むなら、尊重すべきです。正しい選択は各家庭によって異なります。しかし「3歳児神話」という根拠のない幻想で女性を縛りつけるのは極力やめてほしいのです。もしも妻が「子どもが6カ月になったらすぐにでも働きに出たい」と望むなら、その希望は否定するのではなく、夫婦でしっかり話し合って決めていってください。

赤ちゃんはモンスター新入社員！

私は「だから保育園に頼ればすべて解決ですよ」と言いたいわけではありません。もちろん頼れるサービスは積極的に使うべきですが、外部に委託するから夫はノータッチでいいということでは決してないのです。

では、家事を積極的にこなす以外に夫ができることは何か。家事と同じく、ただ闇雲に関わろうとしても空回りするのは目に見えています。まずは育児がどれほど大変なのか、知ることから始めましょう。

例えば第3章で、生後1カ月の赤ちゃんに授乳した時間とおむつを替えたタイミングを記入した表を紹介しましたが、赤ちゃんの世話がこんなに忙しいものであることをご存じでしょうか。

日中、男性は仕事で外に出ているため、育児の大変さにはなかなか気づきにくいものです。そのため、仕事から帰ってきて片付いていない部屋を見ると「なんでこんなに散らかっているの？　1日中家にいて、何をしていたの？」なんて言葉が、平然と出てしまいます。

しかし想像してください。あなたの職場に新入社員が入ってきたとします。その新人は、あなたが時間をかけて整理した仕事の書類を片っ端から破いたり、バラバラにまき散らしたりします。あなたが限られた時間のなかで仕事をしようとした途端に「おなかが空いたからごはんが食べたい」「つまらないから外に行きたい」と駄々をこねだします。

そしてようやく新人が落ち着きを取り戻し、いざ自分の仕事を再開しようと思ったら周りから「えっ？　まだその仕事終わってなかったの？　1日何してたの？」「新人が邪魔をしたって……。その新人の指導をするのがあなたの仕事でしょ?」と言われてしまうのです。

そんなモンスターのような新入社員が職場にいたらたまりません。しかし、あなたが仕事で不在にしている間、家のなかでは同じようなことが毎日起こっているのです。

家庭は職場と同じ

第3章で、夫婦は「子育て」というビッグプロジェクトを一緒に進めるチームだとお伝えしました。また、男性にも分かりやすいよう会社に置き換えて行動を振り返ることもしてきました。実は、夫婦間のコミュニケーションも会社に置き換えて考えてみると、何が問題なのか、どこを改善すれば良いのかが見えやすくなります。

手伝いたいけれど何をしたら良いのか分からない夫と、手伝ってほしくて待っている妻。男性も女性も「自分はこういう人間だから、パートナーにはいちばんの理解者であってほしい」と無意識に感じています。しかし、いくら一緒に暮らして生活していようとも、テレパシーが使えない私たちに「言わなくても分かる」が通用するはずがないのです。

これが職場なら、冷静で客観的にとらえられます。同僚の退社時間が遅いときには「何か手伝おうか」と声をかけるし、上司がしかめっ面をしていれば「良くないことがあったのかな」と気を使う。後輩であればなおさらです。客観的に見て、どう考えても就業時間以内に収まらない仕事は渡さないし、同じ部署内で分担するでしょう。

一方、家事や育児は「楽しいもの」という思い込みがあって、世間では仕事としてとらえられていません。ところが、現実には仕事と同じように1日にやるべきタスクが決まっています。時間内に終わらせなければ「残業が増える」か、「終わらないタスクが溜まっていく」か、「仕事の精度が落ちる」かのどれかなのです。ずばり、会社の仕事と同じです。

残業が増えるというのは、妻が睡眠時間を削って家事をするということ。終わらないタスクは優先度の低い家事が溜まっていくということ。つまり食事を作ったり、子どもの面倒を見たりすることに必死で、掃除や洗濯といった家事がおろそかになってしまうのです。

仕事の精度が落ちるというのは、片付けが中途半端だったり、料理に時間をかけられなかったりと、一つひとつの家事が簡略化されていくことです。

もちろん、家事と育児のプロジェクトリーダー兼プレイヤーである妻は、仕事がうまく回っていないことを理解しています。しかし、同じ部署には自分と夫しかいない。夫を頼ることができなければ自分でやるしかない。

だから、終わらないストレスと戦いながらも、なんとか自分の時間を削りながら仕事を進めるわけです。そんななか、同じチームの夫は家に帰ってくるなりビールを飲んでだらりとしている。同じチームのメンバーが一人で仕事を抱え込んでいるのに、自分だけ早く切り上げて飲みに行っているようなものです。

このように家事や育児を仕事に置き換え、家庭を職場としてとらえると、とてもイメージしやすくなります。家庭は一つの共同体なのです。

【コラム】

産後の女性が抱えるストレスはブラック企業並み

産後の女性が経験するストレスについて、このような研究結果があります。ライフイベントなど環境の変化によって起きるストレスを点数化した「社会的再適応評価尺度」を用い、産後1カ月時点の女性を想定し、過去1年で経験したライフイベントにチェックを入れたのがこちらの表です（図表11）。

「乳幼児の養育」は51点、「睡眠パターンの大きな変化」55点、「話し相手がいなくなる」56点、「多忙による心気の過労」63点など、結婚から妊娠、出産するまで過去1年で経験するライフイベントによるストレスの得点は合計948点です。

合計600点を超えると、かなりのストレス状態であると判断されるため、産後の女性がどれだけストレスを感じているのかが分かります。

産後の女性の状況を仕事環境に置き換えてみると、いかにつらい状況であるかが見えて

［図表 11］ 主婦のストレス得点のランキング

順位	項　　目	点数	順位	項　　目	点数
1	配偶者の死	83	36	性的問題・障害	52
2	離婚	75	37	軽度の法律違反	51
3	夫の会社の倒産	74	37	夫の転勤・配置転換	51
4	子どもの家庭内暴力	73	37	300万円以下の借金	51
5	夫が浮気をする	71	37	乳幼児の養育	51
6	夫婦の別居	70	41	結婚	50
7	自分の怪我や病気	69	41	子どもの成績が下がる	50
7	親族の死	69	43	住宅ローン	49
9	嫁・姑の葛藤	67	43	子どもが新しい学校へ変わる	49
10	夫がギャンブルをする	66	43	教師・保母との人間関係の変化	49
11	家族の健康や行動の大きな変化	64	46	家族との会話の減少	48
12	友人の死	63	47	食生活における大きな変化	45
12	多忙による心気の過労	63	47	体重が増加	45
14	法律的トラブル	61	49	自己の習慣を変える	43
14	近所とのトラブル	61	50	レクリエーションの減少	42
16	上司とのトラブル	60	51	個人的な成功	38
16	300万円以上の借金	60	52	自分の昇進・昇格	37
18	収入の減少	59	53	体重が減少	36
18	親族とのトラブル	59	54	長期休暇	34
20	夫の単身赴任	58	54	技術革新の進歩	34
21	親との同居	57	56	夫の昇進・昇格	33
22	労働条件の大きな変化	56	57	近所の人との和解	32
22	転職	56	58	夫婦の和解	31
22	話し相手がいなくなる	56	58	レクリエーションの増加	31
25	睡眠パターンの大きな変化	55	60	子どもが志望校に合格	30
25	家族メンバーの大きな変化	55	60	話し相手が増える	30
25	夫婦喧嘩	55	62	家族との会話の増加	29
25	夫の定年退職	55	63	収入の増加	28
25	住宅環境の変化	55	63	子どもの成績が上がる	28
30	引越し	54		平均ストレス点数	52
30	仕事を辞める	54			
30	子どもの受験勉強	54			
33	妊娠	53			
33	息子や娘が家を離れる	53			
33	PTAや自治会の役員になる	53			

私が耐えられるストレスは	69
私の現在のストレスは	49

例数（人）	424

出典：国立公衆衛生院公衆衛生研究「ライフイベント法とストレス度測定」を基に作成

きます。たくさんの仕事を抱え、時間内に処理しきれない。途中で何度も仕事の中断が入り、自分のペースで進められない。連日の深夜残業が続き、慢性的な寝不足が続いている。同じプロジェクトを担当するパートナーは一人だけ、コミュニケーションが取れるのは1日の終わりのみ。明確な作業指示はなく、あなたは手探り状態。

これだけでも、どれだけストレスの多い状況であるかが見えてきます。

「会社の仕事とは違う、愛するわが子のためじゃないか」

このように思う男性もいるかもしれません。

では、大事なクライアントのためなら、どれだけオーバーワークであっても、あるいは深夜残業をしてでも、ストレスを感じずに取り組めるものでしょうか。決してそんなことはありません。いくらその気持ちがあったとしても、時間と体力には限界がありますし、疲弊もします。それは仕事同様、家事や育児も同じことなのです。

さらにいえば、会社のように出社と退社の時間が区切られていれば、仕事以外の時間は解放され、オンオフが切り替えられることでしょう。しかし産後の女性は、子どもを産んだ瞬間からずっと母親でいなければいけません。仕事のように区切りなどないのです。

［図表12］産後の女性が１日に感じるストレス変化

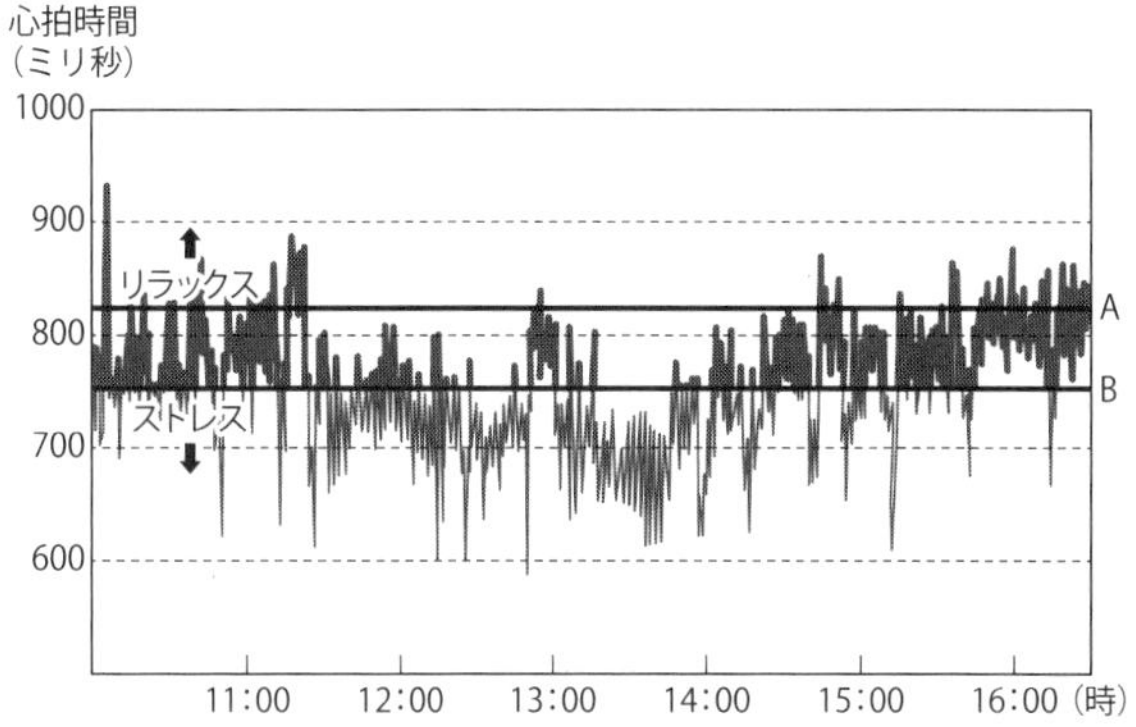

参考：理化学研究所脳科学総合研究センターの調査結果を基に作成

産後の女性のストレスを１日単位で調べたデータがあります（図表12）。

これは育児中の母親に、丸１日心拍計をつけてストレスの状態を測った実験結果です。

横軸は時間帯を表し、縦軸は心拍時間を表しています。Aの線より上がリラックス状態で、Bの線から下がストレス状態です。

このグラフを見ると、育児中の女性は１日のほとんどをストレス状態で過ごしていることが分かります。しかもこれが毎日続いているのです。

しかし、そのなかでも11時過ぎ、13時過ぎ、15時過ぎとリラックスしていた時間が

3カ所ありました。これは授乳の時間と重なっています。つまり、育児による忙しさでストレスを抱えつつも、子どもと触れ合う授乳時間はリラックスしていることが分かります。

そしてもう1カ所、リラックス状態が続く時間帯がありました。これは夫と会話をしていた時間帯と重なります。ストレスの多い育児中であっても、夫が話を聞くことで妻はリラックスすることができ、ストレスから解放されるということです。

「うんうん。分かるよ」

「大変だよね」

「つらかったね」

「よく頑張ったね」

女性が求めているのはこのような言葉です。ぜひ、今日はゆっくりと妻の話を聞いてみてください。

［第5章］

妻のために、家族のために「良き夫・良き父」になろう

妻を笑顔にしてこそ「イクメン」だ

女性はとにかく家事と育児でストレスフルな日々を送っているということはここまででお分かりいただけたと思いますが、育児が大変なのは子どもが赤ちゃんの時期だけではありません。2~3歳頃になると、子どもには強い自我が芽生え出します。つまり親がどんなに言い聞かせても、子育てが思うようにいかない時期がやってくるのです。この時期の子どものタイプは、大きく次の三つに分かれるといわれています。

・あまり手がかからない子ども……40%
・普通の子ども……35%
・手のかかる子ども……25%

実に、4人に一人くらいの割合で「手のかかる子ども」がいるのです。

例えば、家で積み木遊びをする子どもに向かって「○○ちゃん、お買い物に行くから準備して」と声をかけたとします。手のかからないタイプの子どもは「はーい」と言って自分で玄関まで行き、靴を履いて「準備できたから、ママ行くよー」と言います。

ところが手のかかる子どもは、母親がどんなに「○○ちゃん、お出かけするよ」と声をかけても、まったく動きません。ほかの遊びに夢中になって聞こえていないのです。

次第にイライラし始めた母親は「お出かけするから早く！」と声が大きくなります。それでも動きません。堪忍袋の緒が切れてしまった母親は、ついに声を荒げ「お出かけするって言ってるでしょ！」と、半ば無理やりにその子の手をつかみ、靴を履かせ、引きずるように連れ出します。

手のかからない子とかかる子に、能力の差があるわけではありません。手のかからない子は、母親が喜ぶことを直感的に分かっているのです。逆にとらえると、怒られることを恐れているともいえます。

手のかからない子に分類されるのは、圧倒的に女の子が多いといわれます。脳の仕組みなのか遺伝子なのか、具体的なことは分かりませんが、クリニックに来院する母親に聞いてみても、やはり「女の子のほうが育てやすい」という声をよく聞きます。

反対に、手のかかる子は母親がどんなに声をかけても聞こえていません。もしかすると、そうすることで「行きたくない」という意思を伝えているのかもしれませんから、ある意味正直な子どもといえます。

どちらのタイプが良いとはいえませんが、手のかかるタイプの子を育てる母親のほうが圧倒的にストレスを感じているのは確かです。

「何回言えば分かるの！」

「買わないって言ってるでしょ！」

「いい加減にしなさい！」

デパートなどで、人目もはばからずこのように怒鳴りつけている母親を見かけることがあります。思わず二度見してしまう光景ですが、興味深いことに、父親が子どもを怒鳴りつける姿はあまり見かけません。

実は先に挙げた子どものタイプのパーセンテージは、母親たちから聞いた話をもとに割り出した数字なのです。父親に「自分の子どもはどのタイプでしょうか」と聞くと、ほとんどの人が「わが子は育てやすい良い子だ」と答えます。

ここから何が分かるかといえば、いかに子育ての負担が母親にのしかかっているかということです。子どもが幼児期の間の男性の主な役割はシンプル。「母親の精神的健康を保つこと」です。「父親として子どものためにできることは何か」を考えるのは、子どもが小学校高学年や中学生ぐらいになってからで十分。まずは「母親が心身ともにリラックスできる環境」をつくることが、夫として、父親としての役割です。

母親がいつも機嫌よく笑顔でいる家庭は、明るさに満ち溢れています。その環境で育つ子どもも、両親と同じように毎日笑顔で過ごすことができます。そんな温かい家庭をつくるためにも、夫の役割は非常に重要なのです。

子どもが自立したあとの夫婦関係を考える

幼いころは「パパと結婚する！」と言っていた娘が、思春期になった途端に「キモイ」や「臭い」と言って近づかなくなってしまった……という、世の父親の嘆きの声をよく耳にします。これは第2章で触れた女性特有のホルモン「エストロゲン」が関係しています。

思春期の女の子は、エストロゲンの分泌が活発になり、異質なものに対する拒否反応を起こすのです。好き嫌いがはっきりしてくる時期といえます。

女の子だけでなく、男の子にも思春期になるとたくさんの変化が現れます。今まで「ママ」や「パパ」と言っていたはずなのに、ある日突然「おふくろ」や「親父」と呼ぶようになる。声変わりが起きたり、ヒゲが生えたり、急に背が伸びる。これらは、男性ホルモンの「テストステロン」が影響しています。

この「エストロゲン」と「テストステロン」が思春期に急上昇することで、子どもたちは精神的に親から離れていこうとします。子どもの反抗期も、まさにホルモンが関係しているのです。

こうして「親離れ」が始まると、父親と母親はまた二人きりになります。そのとき、険悪なムードだったら「熟年離婚」なんてことになりかねません。だからこそ、今からしっかりとお互いを見つめ合ってほしいのです。

10人に一人の男性が産後うつ!?

しかし、気をつけていただきたいことが一つあります。

[図表13] パタニティブルー（男性の産後うつ）の症状

- 漠然とした不安感に見舞われる
- ささいなことでイライラしたり怒ったりしてしまう
- 理由もなく気分が落ち込んだり、気が滅入ったりすることが増えた
- 食欲が出ない
- 理由もなく落ち込む
- 追い詰められていると感じる
- 何にも興味がなくなる、飽きっぽくなる
- なかなか寝付けなくなり、眠りが浅い

それは「一人ですべての責任を背負おうとしない」ということ。

ここまで女性が抱えるストレスにばかり言及してきましたが、実は男性にも産後うつがあります。子どもが生まれることで精神的に不安定になってしまうことを総称して「パタニティブルー」と呼びます。

パタニティブルーとは、児童精神医学を研究しているエール大学のカイル・プルーエット教授が1987年に発表した論文のなかで語られた症状です（図表13）。

兵庫医療大学が2012～2015年にかけて調査した研究データによると、約2000組の夫婦のうち13・6％の父親がうつ状態であると診断

されました。

そのほか、国立成育医療研究センターが父親215人を対象とした調査によると、妻の産後3カ月の間に、1回以上うつの傾向を示した夫は16・7%もいたことが分かっています。

女性が産後うつになるのは約10～15%といわれているので、ほぼ同じ割合で男性も産後うつに陥るのです。

女性の場合は産後のホルモンバランスの変化が大きな要因でしたが、男性の場合は育児の不安や責任感からくるプレッシャーが背景にあり、妻の出産前から子どもが生後6カ月になるくらいまで続く人もいます。

このほかに、頭痛や胃痛、肩こりなど身体的な症状が見られることもあります。産後のホルモンバランスの変化が起きない男性まで、このような状況に陥ってしまうのはなぜなのか。その要因は大きく分けると三つあります。

①心理的要因

②生活リズムの大幅な変化
③パートナーである妻との関係性

①の心理的要因とは、主に責任感やプレッシャーからくるストレスです。女性が母親になって不安を抱えるのと同様に、男性も父親になるのは初めてのことです。不安と緊張でいっぱいの日々が続くなか、父親としてしっかりしなければいけないという重圧がのしかかり、
「自分にちゃんと子育てができるのだろうか」

「子どもを育てるだけのお金が稼げるだろうか」

といった将来への不安が心のなかで渦巻きます。

パタニティブルーになりやすい人には「責任感がある」「真面目」「頑張り過ぎる」「完璧主義」といった性質を持つ傾向があります。「仕事も家庭も完璧にしたい」そう思うがゆえにストレスがかかり、バランスを崩してしまうのです。
②と③は後述しますが、まずは「①心理的要因」によってどんな問題が起きるのか見て

いきましょう。

会社と家庭の板挟みになる夫たち

職場では上司に気を使い、家に帰れば妻の機嫌をうかがう。

本来、夫にとって自宅はリラックスできる場所であってほしいものですが、今や「男も家事をして当たり前」の時代となりました。

男性は家庭を大切にし、家事や育児も頑張らなくてはいけない。しかし労働時間は変わらない。そうして会社と家庭の要望すべてに応えようとし、どんどん追い詰められてうつ状態になるのです。

妻の出産後、うつ状態に陥った方の話を聞いたことがあります。

2歳になる男の子がいる谷口さん夫妻には、昨年、二人目の女の子が生まれました。妻が出産で入院している間に、長男の面倒を見ていたのは夫である博之さんです。

生まれて初めて母親のいない生活に、長男は夜になると

「ママが良い。ママに会いたい」

と泣きじゃくります。博之さんは辛抱強く、毎晩泣き止むまで息子を一生懸命寝かしつけていました。そしてようやく妻が退院するとき、長男は病室に着いた瞬間に「ママー！」と妻の愛子さんに駆け寄っていったのです。

ママが恋しかったのはもちろん分かる。ただ、博之さんは「あれだけ頑張ったのに……。自分はいったいなんなんだろう」と無力感に包まれたといいます。

それを機にどんどん子育てに対する自信をなくし、産まれたばかりの娘にもどう接して良いのか分からなくなってしまいました。

そうはいっても、小さい子ども二人を相手に奮闘する妻を放っておくわけにはいかないので、毎日18時までに仕事を終えて、急いで家に帰り、妻を助けていました。残った仕事は子どもたちが寝静まったあとに自宅で片付けます。

そうこうしているうちに睡眠不足が続き、集中力はみるみる低下。顔色は悪くなり、仕事でのミスも増え始め、博之さんを心配した同僚のすすめでメンタルクリニックを受診してみると「うつ」と診断されたのです。同僚や上司から理解を得て、数カ月休職したあと、無事に復職できたのは幸いでした。

責任感の強さゆえに苦しむ夫

博之さんのように恵まれた職場環境にいる人ばかりではありません。

映像制作の仕事に携わる坂田さんは長時間労働が当たり前で、平日の帰宅時間は深夜0時を過ぎることも少なくありませんでした。子どもが生まれたあと、心身ともに疲れ切っている妻をなんとか支えようと、出社前の時間を使って子どもの面倒を見たり、掃除や洗濯をしたりと家事や育児に懸命に取り組みました。

しかし職業柄、撮影の予定が入ると、土日でも仕事に行かざるを得ません。家族の時間が捻出できず、妻からは「家族より仕事が大事なの？」「この子のことを愛していないの？」と非難されるようになったのです。

家族のことが大切でないはずがありません。坂田さんはどうにか状況を変えようと職場に掛け合ってみましたが、上司は「家族のために仕事をしているんだろう。そんなことも理解できない嫁を説得しなさい」と聞く耳を持ってくれませんでした。

毎日納期を気にしながら仕事を進め、家では妻の機嫌を気にしながら家事と育児に励む坂田さん。次第に心の休まる時間が持てなくなり、以前まで情熱を燃やしていた映像制作の仕事にも面白さを感じられなくなりました。そんな状況を学生時代からの友人に相談し

「会社では代わりがきくけれど、嫁と子どもにはお前しかいないだろう」

と言われて目が覚めます。

このころの坂田さんは睡眠欲と食欲がなくなり、体重が激減していました。当時は会社と家庭を両立することに必死で、自分の現状を顧みる余裕などありませんでしたが、そのまま無理を続けていればおそらく倒れてしまっていたことでしょう。友人の言葉を機に転職を決意し、今では子どもの送り迎えをしながら、無理なく仕事を続けられています。

谷口さんと坂田さん、どちらも夫として父としての責任を果たそうと必死になっていました。二人の場合はすぐそばに信頼し、相談できる同僚や友人がいたから良かったのですが、つらい状況に気がつかず、無理し続けてしまう人も多くいます。

しかしその結果、困るのは妻や子どもです。

国立成育医療研究センターの調査によると、父親がうつになった場合、産後2カ月の時点で虐待傾向の行動を取るリスクが４・６倍も高くなることが分かっています。

具体的には「つねる」「お尻をたたく」「入浴や下着の交換を怠る」「大声で叱る」といった行動です。虐待をせずとも、読み聞かせをしなくなったり、一緒に遊ばなくなったりと、子どもへの愛情が薄くなり面倒を見なくなることもあります。

産後で弱っている妻と産まれたばかりの子どもを守ってあげなくてはいけない。父親になった責任を感じるからこそ抱えるストレスですが、それに押し潰されてしまっては元も子もありません。

では、親になった男性のこの切迫した状況は、どうすれば打破できるのでしょうか。

家族のための時間が生み出せない

先ほどの二つの例は、どちらも家族と過ごす時間さえあれば起こらなかった問題でした。

子どもとゆっくり過ごしたり、家事をしたりする時間を確保できていれば、妻から責め立てられることもなく、心理的なストレスはそこまで負担にならなかったはずです。

しかし、私たちに与えられる時間は1日24時間です。親になったからといって、1日が

30時間に増えるわけではありません。バランスを取るためには、やはり仕事にかける時間を短縮し、家事や育児に時間を割くしかないのです。

ベネッセ教育総合研究所が就学前の乳幼児を持つ父親を対象に実施した調査によると「家事・育児に今まで以上に関わりたい」と回答した父親は、2005年の47・9％から2014年には58・2％と10ポイント以上増えています。

その一方で「子どもとの接し方に自信が持てない」と考える父親は、2005年の36・5％から2014年の44・3％と、7・8ポイントも増加しているのです。

調査結果の分析によると「自信が持てない」背景として、帰宅時間が遅く、子どもと接する時間がないためと指摘されています。

家事と育児はしたい。けれども仕事をないがしろにはできない。

こうしてすべてを真面目にとらえて完璧にしようとする日本人の男性は、心理的に追い詰められて、うつ状態やパタニティブルーに陥ってしまうのです。

仕事で疲れた身体を鼓舞して家事や育児を担った結果、妻が笑顔になればその努力も報われることでしょう。

しかし、妻からすると家事も育児も夫のレベルでは許せません。

「なんでそんなやり方しかできないの？」

「ちゃんと考えてやってくれてる？」

せっかく頑張ってもそんなふうにだめ出しをされてしまっては、やる気がそがれてしまいます。全力でやってみたところで母親にはかなわない。自分の能力では足りない。そんな挫折を味わい続けると、心に負担をかけてしまうことになるのです。

妻との関係が精神衛生上のカギ

パタニティブルーの要因の二つ目は「生活リズムの大幅な変化」です。

母親のように授乳をしないとはいえ、夜中に子どもが大声で泣いていれば隣でぐっすり眠っているわけにはいきません。

仕事から帰って、子どもをお風呂に入れたり、家事をする妻のサポートをしたりと、夫婦二人だったころから生活は大きく変化します。

子どもが生まれる前は、妻と一緒にゆっくりと晩ごはんを食べたり、好きなテレビ番組を観たり、週末には二人で出かけるなど、夫婦で過ごす時間が十分にあったはずです。

会話もたくさんあって、喧嘩をしても時間をかけて話し合うことができたでしょう。ところが産まれたばかりの子どもがいる家庭ではそうもいきません。二人きりの暮らしをしていたころのように妻はかまってはくれなくなるし、男性はさみしい思いをしてしまいます。

このパートナーとのコミュニケーション不足が、産後うつやパタニティブルーの要因の三つ目「パートナーである妻との関係性」です。男性だって、もちろん自分の子どもはかわいい。けれど、今まで自分に向けられていた愛情が途端に子どもに100％移ると、母子の間にある強い絆に父親が入り込めず、疎外感が生まれる場合もあります。

この問題は長い夫婦生活のことを考えると、必ず二人で話し合ってルールを決めてほしい問題です。夫婦のコミュニケーションを密にして、パタニティブルーを乗り越えた山口さん夫妻の例を挙げましょう。

夫の徹さんは長男が生まれたあと、パタニティブルーに陥っていました。仕事が忙しかったことも重なり、胃の痛みや慢性的な不眠と疲労に苦しんでいたのです。

妻の美幸さんは、なるべく早く仕事に復帰したいと考え、産後半年目から仕事を再開しました。そのため子どもが夜泣きをしたときには、夫婦交代で起きて面倒を見るようにしていたのです。

しかしある晩、徹さんが激しい胃痛を訴えました。痛みは翌日になってもなかなか治まりません。美幸さんは早めに病院へ行くように言いましたが、徹さんはなんのかんのと理由をつけて、なかなか受診しようとしませんでした。

何かストレス解消になればと、美幸さんは徹さんが仕事で抱えている悩みを聞いたり、帰宅したときに「おかえりなさい」のハグをしたり、労いと思いやりを言葉や行動で示すように意識しました。

すると不思議なことに、5日ほどで胃痛や不眠の症状が軽くなり、10日経つころにはすっかり回復して元気になったのです。

マタニティブルーズや女性の産後うつは、夫が話を聞いてくれるだけでリラックスでき、ストレスから解放されることが調査結果から明らかになっています。これと同様に、パタニティブルーのときにも妻に話を聞いてもらったり、触れ合いを大切にしたりすることで、心の状態が軽くなるのです。

第1子の妊娠中、幸福感に包まれていた夫婦は、子どもが生まれたあとの生活も「幸せに違いない」とつい信じ込んでしまいます。「自分たちなら大丈夫」「きっとうまくいく」そんな楽観的な考えを持ってしまうのです。

ところが、いざ子どもが生まれてみると、妻は子どもにかかりっきりで、夫である自分のことはあと回し。さらに、もともと優しく思いやりのある男性は「子どもの世話で大変なときに自分のことで負担をかけてはいけない」と悩みがあっても一人で抱え込んでしまいます。

パタニティブルーはこうして防ぐ

では、楽しく明るい家庭を築くため、かっこいい父親であるために気をつけるべきことは何か。もう一度、パタニティブルーの要因をおさらいしましょう。「心理的要因」「生活リズムの大きな変化」「パートナーとのコミュニケーション不足」の三つの原因のなかで、解決に向けてまず取り組んでほしいのは「パートナーとの関係改善」です。

妻との関係が良くなれば、心理的なストレスは軽減されます。生活リズムの変化はある程度は仕方がないことだとしても、二人で話し合えば解決できることも多いはずです。

ここで、すぐに実践できる妻との関係改善の具体例を挙げましょう。

①お互いに感謝の言葉をかける

当たり前のことかもしれませんが、まずは感謝の気持ちをきちんと言葉に出して伝えることです。また、育児に対する意見や希望をお互いに理解し、尊重して「言わなくても分かる」と過信せず、してほしいことを言葉で伝え合いましょう。

②少しでも二人だけの時間を持つ

例えば、子どもが寝静まったあとの時間。二人で今日起きた出来事を話し合ったり、好きな映画を一緒に観たり、夫婦の時間を確保することをルール化し、積極的にコミュニケーションを取りましょう。

③下の名前で呼び合う

子どもが生まれると「パパ」「ママ」という呼び方に変わることがあります。恋人だったときのように下の名前で呼んでみると新鮮な感覚がよみがえり、お互いを大切にする意識が芽生えるでしょう。

④ストレスはこまめに発散する

子どもが生まれたことがストレスだなんて言いたくない、その気持ちはよく分かります。しかし、ストレスとはすなわち「外部から刺激を受けたときに生じる緊張状態」のこと。つまり、結婚や出産、子育てといったうれしい出来事も、刺激としてストレスの原因になり得るのです。ですから、初めてのことだらけの育児や家事でストレスが溜まるのは当然のこと。まずは、それを受け入れてストレス＝悪いものだという考えを捨てましょう。そして、そのうえで大切なのが、一人の時間をつくることです。週1でも月1でもかまいません。妻に事情を話し、仕事や家族から離れて何かに没頭できる時間をつくりましょう。

⑤ルールは緩く

繰り返しになりますが、家族になるためにはルールが必要です。

しかし、そのルールがガチガチに決まっていては、自分の首を絞めることになりかねません。子どもの離乳食やおむつ替えは妻が、お風呂は夫が、と役目を大まかに決めておくのは良いのですが「できなかった場合」を想定する必要があります。

「ここから先はあなたがやって」と線引きしてしまうと、二人の関係はギスギスしてしまいます。臨機応変に動ける「ゆとり」を持ち、助け合える状態にしておくと良いでしょう。

家庭という組織を運営するために

これから先、30年、40年と、ともに家族を継続させていくためには、会社と同様に方針とビジョンが大切です。

「笑顔の絶えない家庭にしたい」

「なんでも相談し合える夫婦になりたい」

「子どもと楽しく遊べる親になりたい」

このように家族にも「理念」が必要なのです。共同経営者であるパートナーとこれからどんな人生を歩んで行きたいのか、ビジョンを語り合い「我が家の理念」をつくる時間を設けましょう。

そして、二人で掲げた理念を実現するためにはどんなアクションプランが必要なのか、達成に向けた戦略を立ててください。もちろん、理念を掲げて戦略を立てれば終わりではありません。時代背景や家族の状況によって、その都度見直す必要があります。

二人で決めたルールや行動規範も「なんだかうまくいかないな」「無理が生じてきたな」と思ったら、こまめに軌道修正をしていきましょう。

できないことにフォーカスして、自分や相手を責めるよりも、「どうすれば家族が楽しく過ごせるか」を考えるために時間と労力を使うほうがずっと良いはずです。

そのために欠かせないのが「会議」です。つまり、再三語っている「夫婦間の話し合い」なのです。話し合いを重ねることで、お互いが「かけがえのない存在」となり、人生を併走してくれる居心地の良いパートナーになっていきます。

漠然と「会議をしよう」と思っても、何から話せばいいか分からない。そんなときは、夫婦の会議に役立つこんなツールを使ってみてはいかがでしょうか（図表14）。内閣府のホームページからダウンロードできます。四つの設問に沿って「現在」と「理想」について二人で答えていくだけでお互いの胸の内が分かり、理想の実現に向けて一歩前進することができるはずです。

二人の未来は今、目の前にいるパートナーとあなた自身の手のなかにあります。

まだまだ続くこの人生。夫婦の関係が変化していく過程を楽しみながら、家族の幸せを見つけてください。

［図表 14］ 夫婦が本音で話せる魔法のシート「○○家作戦会議」

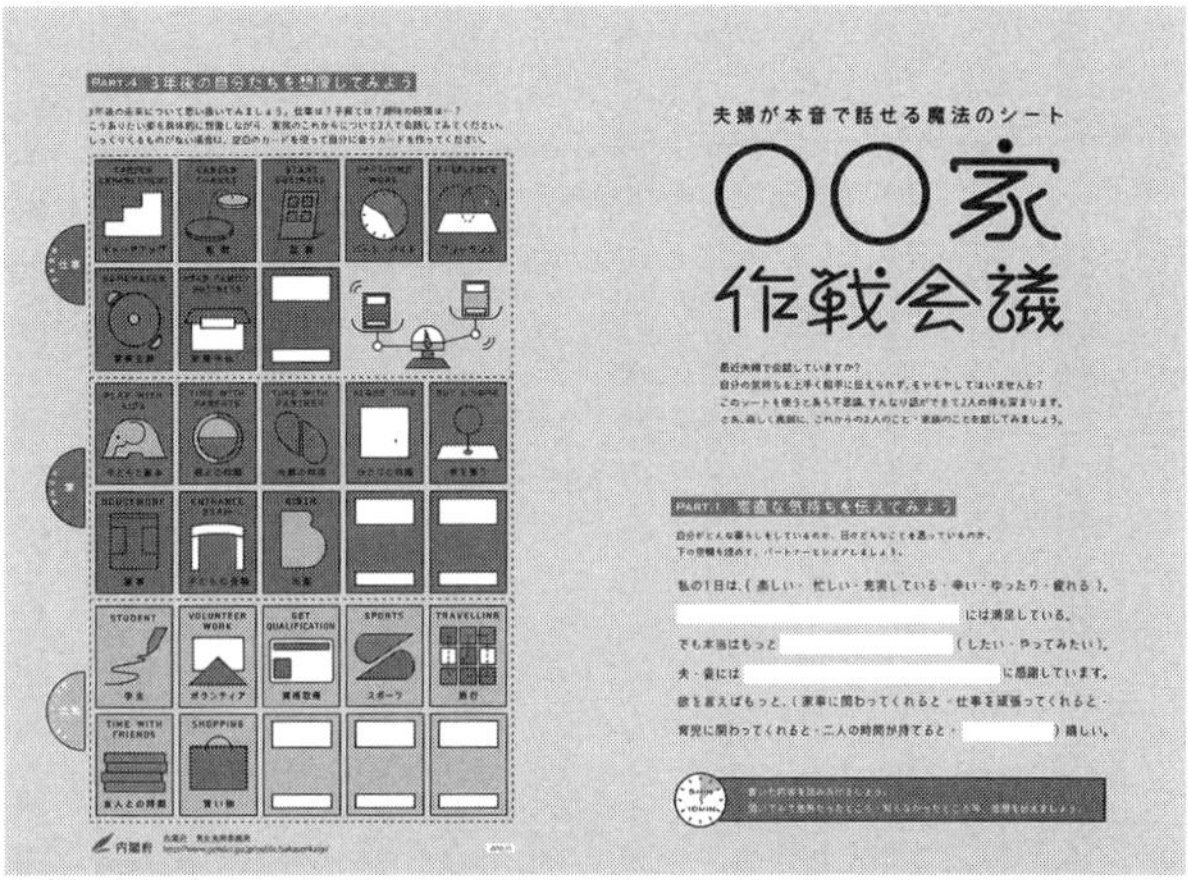

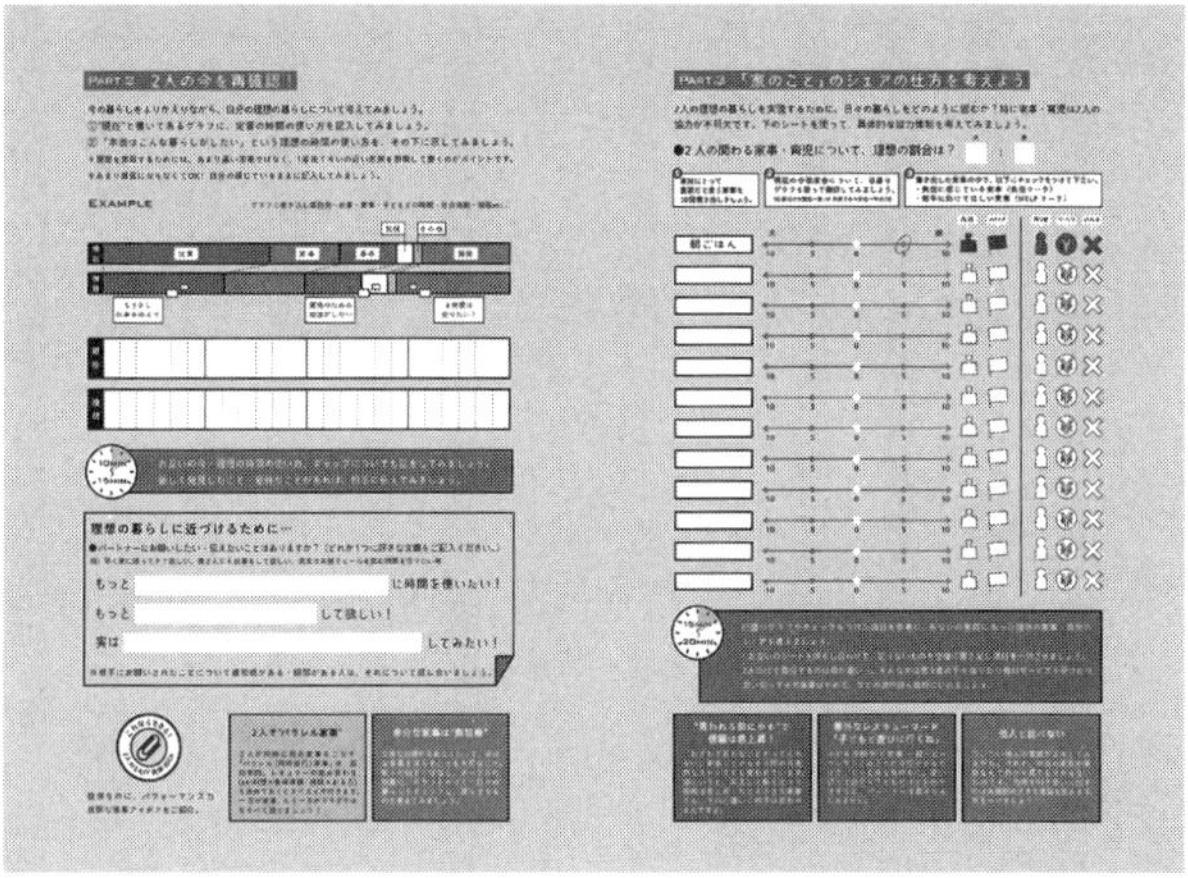

出典：男女共同参画局HPより引用

【コラム】

「アドラー」から学ぶ夫婦関係を保つ方法

19世紀生まれの心理学者、アルフレッド・アドラーをご存じでしょうか。彼は「アドラー心理学」を創始し、今日に至るまでたくさんの人に気づきを与えています。

私は、このアドラーの教えにこそ、夫婦関係のすべてが詰まっていると考えています。

・他人の課題を切り捨てよ

アドラーは「人間の悩みはすべて対人関係の悩みである」と説いています。確かに「あの人、私のことが嫌いなのかもしれない」とか「今日はなんだか機嫌が悪いのかな」などという心配や悩みは、他者と関わるからこそ生まれます。なぜ、私たちはこうして悩んでしまうのか。アドラーはその原因を「自分の課題」と「他人の課題」を一緒に考えてしまうからだと言っているのです。

夫婦間で考えてみましょう。とある日曜日、夫が11時ごろ起きてくると妻が不機嫌そうな顔でソファに座っています。「やばい、ちょっと寝すぎちゃったかな」と思い、恐る恐る「おはよう」と声をかけても完全に無視。夫はご機嫌をとろうと「コーヒー入れようか？」「今日のお昼ごはんは俺がつくるよ」「部屋の掃除とかやっておくから、たまには外でゆっくりしてきたら？」と、あの手この手で妻を喜ばせようとしますが、それでも妻の顔色は変わりません。眉間に刻まれた皺は深くなるばかり。

次第に、夫はこんな気持ちを抱くようになります。

「毎日遅くまで仕事して疲れてるんだから、たまの休日くらい好きなだけ寝かせてくれよ。大体、これだけ気を使ってるのになんで妻は態度を変えないんだ？　なんで俺ばっかりぺこぺこしてるんだ？」

そして、いつしか心のなかだけにとどまらず、つい口に出してしまうのです。

「いい加減にしろよ！　何を怒ってるんだか知らないけど、俺だっていろいろやってるだろ？　どうすれば気が済むんだよ！」

妻も負けじと反論します。

「は？　私、何かやってくれとか頼んでないけど。ていうか別にいつもどおり、普通だし」

「どこが普通なんだよ。俺が起きてきた瞬間からずっとしかめっ面してただろ！」

……その後、この夫婦の言い合いがしばらく続いたのは言うまでもありません。しかし、本来夫は妻がどんなに不機嫌そうにしていたとしても、気にする必要はないのです。なぜなら機嫌が悪いのは「妻の課題」だから。それを夫が解決しようとして介入すると、関係は一気に悪化してしまいます。たいていの夫婦間のトラブルはこのようにして生まれるのです。

もしもここで夫が、妻の機嫌がなおるまでさらに気を使っていたら、やがて妻は「私が機嫌悪そうにしていればこの人はなんでも言うことを聞いてくれる」と思うでしょう。この時点で、妻のなかで夫に対する「甘え」が生まれてしまいます。本来、夫婦とは対等な関係にあるものですから、どちらか一方が好き勝手をして、相手がそれに仕方なく合わせる……というのは望ましくありません。

何度も言っているように、夫婦とて結局は「他人」です。他人の課題を切り捨てるということはすなわち、相手を信じることにつながります。まずは「妻はこういうタイプなのだ」と理解をしましょう。どうしても気になるようだったら「気持ちが落ち着いて話したくなったら、いつでも聞くよ」などと声をかけるくらいにとどめましょう。大切なのは、妻の課題を自分が解決しようとする考え方から離れることです。

そうすれば、二人の関係は次第に良くなっていくはずです。

・生きる喜びは対人関係からしか生まれない

だからといって、他者と関わりを断てばすべて解決、というわけではありません。あらゆる人間の悩みは対人関係が問題だとする一方で、アドラーは「生きる喜びは対人関係からしか生まれない」とも説いているのです。

われわれのまわりには他者がいる。そしてわれわれは他者と結びついて生きている。人間は、個人としては弱く限界があるので、一人では自分の目標を達成することはできない。もしも一人で生き、問題に一人で対処しようとすれば、滅びてしまうだろう。自分自身の生を続けることもできないし、人類の生も続けることはできないだろう。そこで、人は、弱さ、欠点、限界のために、いつも他者と結びついているのである。自分自身の幸福と人類の幸福のためにもっとも貢献するのは共同体感覚である。（『人生の意味の心理学』より抜粋）

このように、アドラーは自分の幸せな人生を実現するには、何よりも対人関係が重要だと言い、その対人関係のことを「共同体感覚」と表しています。「共同体感覚」とは簡単に言えば、他者を仲間とみなすということ。アドラーは、どんなにお金持ちであっても、家族など自分を支える仲間が周りにいない人は幸福ではないとも言っています。そう、私たちは他者と関り、共同体感覚を育んでいくことで幸福を得ているのです。

夫婦も、違う者同士が認め合い、尊重し合うことで共同体ができあがります。そして、やがてそれが夫婦として長い人生を歩んでいく喜びにつながるのです。

・共同体感覚を生むには？

アドラー心理学をまとめた本『嫌われる勇気』には、共同体感覚を身につけるには「自己受容」「他者信頼」「他者貢献」の三つが必要だと書かれています。「自己受容」とは、自分自身に価値があると受け入れること、自分は誰かの役に立っているのだと思うことです。そのために「他者貢献」をすれば、きっと自分の価値を認められるようになるでしょう。「他者貢献」は、give and takeではなくgive and give、ひたすら与え続けることで得られるようになります。このように、見返りを求めずに何かをしてあげたい、役に立ちたいという相手は、すなわち信頼している仲間に違いありません。それが「他者信頼」です。「自己受容」をし、「他者貢献」と「他者信頼」を忘れない。そうすれば、共同体感覚は必ず育まれるはずです。

アドラーは、人間関係はタテではなくヨコだとも言っています。

タテの人間関係とは夫婦どちらかが上か下になるということ。そこには「支配」と「依存」の関係が生まれてしまいます。しかし、夫婦に限らず、人としての尊厳の重さは皆平等なはずですから、常に平等な「ヨコの関係」を築き、互いに信頼し合うことが大切なのです。

どうか、そのことを頭に入れて、これからの夫婦関係を考えてみてください。

おわりに

「毎日のように妻から責められてつらい」

友人から、このような相談を受けたことがあります。

結婚して20年以上が経つ夫婦です。子どもも自立し、ようやくひと息……というときになって、妻がやたらと昔のことを引っ張り出してくるようになったといいます。

「結婚後、あなたの仕事の都合に合わせて引っ越したけど、本当はすごく嫌だった。それなのにあなたは……」

「知らない土地ですごくさみしかった。それなのにあなたは……」

「慣れない育児で毎日つらかった。それなのにあなたは……」

ことあるごとに「あなたは何もしてくれなかった」「助けてくれなかった」と、恨み言のようにつぶやく。「今さら言われても……」と困り果てる友人に、私は一つだけアドバイスをしました。

「しゃべりたいだけ、しゃべらせてあげて。そして、『つらかったね』『僕も悪かった』『本当にごめんね』と共感してあげて」

彼はそれから毎日、黙って妻の話を聞き続けたといいます。すると1カ月が経ったころ、「私も変わらないといけないのよね」と妻の考えが変わり始め、最後には「あなたがいないと私は生きていけなかった」と、うれしそうにほほえむようになったそうです。

相手の言葉を受け入れて、共感してあげる。

子どもが産まれたばかりの夫婦も、すでに子どもが巣立ったあとの夫婦も、この先ずっと一緒にいたいと願っているならば、絶対にこれを忘れてはいけません。夫であるあなたには、特にこのことを心に刻んでほしいと思います。

人間の祖先であるチンパンジーは、育児をしている5年間は次の子を妊娠できないのに対し、人間は適齢期内であれば、毎年出産することができます。その進化を可能にしたのは、人類が「共同養育」という形で子育てを続けてきたからなのです。つまり人間は、そもそも一人で子育てをするようにはできていないということです。

ところがその「共同養育」が成立しにくいのが現代社会です。産後の母親がどんどん孤独になっているなか、子育てのつらさを共感し合い、ともに子どもの成長を喜んでくれる。そんな人が近くにいるだけで、彼女たちはずいぶんと救われます。ましてやそれが、生涯をともにすると決めた愛するパートナーである夫なら、これほど心強いことはありません。

もしも読んでくれているとしたら、妻であるあなたにも一言だけ。

世の中には「夫は新人バイトだと思って教育してあげましょう」というようなことを言う人もいます。確かに、夫はそれくらい頼りにならない存在なのかもしれません。

しかし私は、夫婦関係においてどちらが上かなど関係ないと思っています。夫婦なのですから、一緒に歩んでいくほうがいいに決まっています。

だからこそ、夫を頼ってほしいのです。もっと信頼してほしいのです。男性だって「変わりたい」と思っています。「関わりたい」とも思っています。ぜひ本書をきっかけに、夫婦の価値観をより合わせてみてください。

子育ては楽しいことばかりではありません。子どもが産まれてライフスタイルが大きく変わり、不自由さを感じることもあるでしょう。時には、つい子どもを憎らしく思ってしまうこともあるかもしれません。

そんな苦労を一人で味わった記憶は「恨みや怒り」として一生消えずに残る。しかし、夫婦で乗り越えた苦労なら「あんなこともあったよね」といつか笑い合って話せる、二人だけの「かけがえのない思い出」になるはずです。

初めは、小さな一歩でもかまいません。

まずは妻が発している小さなSOSに気づけるよう、夫であるあなたから歩み寄ってみませんか。きっとその先には、思っている以上に幸せな未来が待ち受けているはずです。

最後になりましたが、本書をつくるにあたりたくさんの事例を与えてくださったご夫婦の皆さま、そして執筆にあたり多大なご協力をいただいた幻冬舎メディアコンサルティングの皆さまに、そしていつも支えてくれている妻にもお礼申し上げます。

東野 純彦（とうの あつひこ）
東野産婦人科院長
1983年久留米大学医学部卒業後、九州大学産婦人科教室入局。1990年国立福岡中央病院に勤務後、東野産婦人科副院長に就任。その後、麻酔科新生児科研修を行う。1995年同院長に就任。東野産婦人科では〝女性の一生に寄り添う。これまでも、これからもずっと。〟をテーマに、妊娠・出産・育児にかかわらず、思春期から熟年期、老年期まで女性の生涯にわたるトータルケアを目指す。お産については家庭出産と医療施設の安全管理の長所を活かした自然分娩を提唱。フリースタイル分娩、アクティブバースの推進など、母親の希望の出産に合わせてサポートしている。また、赤ちゃんとの関わり方が分からない父親のための「赤ちゃんサロン～パパ&ベビークラス」や、育児における父親の役割を学ぶための「父親教室」なども開催。子育てに取り組む夫婦にしっかり寄り添うクリニックとして定評がある。

本書についての
ご意見・ご感想はコチラ

知っておくべき産後の妻のこと

二〇二〇年六月三〇日 第一刷発行

著　者　東野純彦
発行人　久保田貴幸
発行元　株式会社 幻冬舎メディアコンサルティング
〒一五一-〇〇五一 東京都渋谷区千駄ヶ谷四-九-七
電話 〇三-五四一一-六四四〇（編集）
発売元　株式会社 幻冬舎
〒一五一-〇〇五一 東京都渋谷区千駄ヶ谷四-九-七
電話 〇三-五四一一-六二二二（営業）
印刷・製本　シナノ書籍印刷株式会社
装　丁　田口実希

検印廃止

Printed in Japan ISBN978-4-344-92859-6 C0295
幻冬舎メディアコンサルティングＨＰ http://www.gentosha-mc.com/